永葆清正廉洁的政治本色

任初轩◎编

人民日报出版社
北京

图书在版编目（CIP）数据

永葆清正廉洁的政治本色 / 任初轩编 . -- 北京：人民日报出版社, 2025.2. -- ISBN 978-7-5115-8681-0

Ⅰ . D262.6

中国国家版本馆 CIP 数据核字第 2025P1C544 号

书　　　名：	永葆清正廉洁的政治本色
	YONGBAO QINGZHENG LIANJIE DE ZHENGZHI BENSE
作　　　者：	任初轩
出 版 人：	刘华新
策 划 人：	欧阳辉
责任编辑：	毕春月　张雨嫣
装帧设计：	新成博创 XIN CHENG BO CHUANG
出版发行：	人民日报出版社
社　　　址：	北京金台西路 2 号
邮政编码：	100733
发行热线：	（010）65369509　65369527　65369846　65363528
邮购热线：	（010）65363531　65363527
编辑热线：	（010）65369521
网　　　址：	www.peopledailypress.com
经　　　销：	新华书店
印　　　刷：	大厂回族自治县彩虹印刷有限公司
法律顾问：	北京科宇律师事务所　（010）83622312
开　　　本：	710mm×1000mm　1/16
字　　　数：	180 千字
印　　　张：	15.25
版次印次：	2025 年 3 月第 1 版　2025 年 9 月第 2 次印刷
书　　　号：	ISBN 978-7-5115-8681-0
定　　　价：	48.00 元

如有印装质量问题，请与本社调换，电话：（010）65369463

目　录

★ 思想平台

反腐败斗争一刻不能停，必须永远吹冲锋号
　　人民日报评论部 ………………………………………… / 003

坚决惩治新型腐败和隐性腐败
　　陈伶俐 …………………………………………………… / 008

廉洁奉公树立新风
　　人民日报评论部 ………………………………………… / 012

常扫政治灰尘，永葆纯洁性和先进性
　　吴储岐 …………………………………………………… / 016

以学正风，弘扬清廉之风
　　仲　音 …………………………………………………… / 019

永葆清正廉洁的政治本色

- 永葆共产党人的政治本色
  张 辉 ………………………………… / 023

- 坚决打赢反腐败斗争攻坚战持久战
  人民日报评论员 ………………………… / 026

- 以正风肃纪反腐为重要抓手
  人民日报评论部 ………………………… / 030

- 自觉做良好政治生态的有力促进者
  吴阳松 ………………………………… / 034

- 廉不言贫　勤不道苦
  郭舒然 ………………………………… / 037

- 建立健全纪律教育机制
  张 鹏 ………………………………… / 040

- 着力铲除腐败滋生的土壤和条件
  罗小峰 ………………………………… / 044

- 打造优质的廉洁文化产品
  陈世瑞 ………………………………… / 048

- 筑牢不想腐的思想根基
  王健霞 ………………………………… / 051

目录

::: "拍蝇"不手软　反腐惠民生
　　李　斌 ………………………………………………… / 055

::: 一刻不松　寸步不让
　　桂从路 ………………………………………………… / 059

::: 进一步坚定反腐败斗争的决心和信心
　　人民日报评论员 ……………………………………… / 063

::: 一步不停歇　半步不退让
　　人民日报评论员 ……………………………………… / 067

::: 风腐同查同治　深化标本兼治
　　赵　成 ………………………………………………… / 071

::: 反腐败一步不停歇、半步不退让
　　王子潇 ………………………………………………… / 074

★ 理论茶座

::: 准确理解新时代廉洁文化的深刻内涵
　　任建明 ………………………………………………… / 081

::: 深刻领会构建清廉社会生态这一重要目标
　　李斌雄 ………………………………………………… / 088

::: 全面把握新时代廉洁文化建设的总体要求
　　　过　勇 ·· / 093

::: 谈谈我国历史上的廉洁文化
　　　卜宪群 ·· / 098

::: 涵养廉洁文化　建设廉洁政治
　　　杨润聪　洪向华 ······································ / 109

::: 加强新时代廉洁文化建设
　　　刘晓川 ·· / 114

::: 反腐败绝对不能回头不能松懈不能慈悲
　　　别荣海 ·· / 119

::: 廉洁文化建设的历史传统与现代转化
　　　刘　畅 ·· / 127

::: 汲取中华传统廉洁思想营养　建设新时代廉洁文化
　　　吴长庚 ·· / 132

::: 党史上的廉洁纪律建设
　　　严哲文　陈　坚 ······································ / 138

::: 加强廉洁文化建设　夯实廉政思想根基
　　　刘凯鹏 ·· / 143

★ 学术圆桌

::: 把全面从严治党作为党的永恒课题
　　孔凡义 ………………………………………………… / 155

::: 以学正风　廉洁奉公显本色
　　孙　林　郝永平 ……………………………………… / 165

::: 以系统思维纵深推进反腐败斗争
　　马雪松 ………………………………………………… / 174

::: 中国特色反腐败之路的生成逻辑、鲜明特征与发展趋向
　　阚道远 ………………………………………………… / 182

::: 年轻干部廉洁从政要做到"三个坚持"
　　李春晓 ………………………………………………… / 208

::: 为深入推进党风廉政建设提供有力制度保障
　　曾钰诚 ………………………………………………… / 212

::: 深刻把握新时代廉洁文化的内涵与规律
　　蒋来用 ………………………………………………… / 218

::: 新时代廉洁文化建设的着力点
　　李　辉 ………………………………………………… / 230

思想平台

反腐败斗争一刻不能停，必须永远吹冲锋号

人民日报评论部

为捞"政绩"执意填海，收受巨额贿赂对抗整改，两位主政三亚官员先后落马；甘肃庆阳镇原、华池两个县级"一把手"互相关照对方弟弟，最后双双被查处；追求所谓"生活品质"、贪图奢侈享乐，逐渐从破纪到破法，文化和旅游部原党组副书记、副部长李金早最终以受贿罪被判处有期徒刑十五年……电视专题片《永远吹冲锋号》里，一个个案例给人以深刻警醒，有力彰显我们党"以零容忍态度反腐惩恶"的坚定决心。

腐败是危害党的生命力和战斗力的最大毒瘤，反腐败是最彻底的自我革命。习近平总书记在党的二十大报告中强调："只要存在腐败问题产生的土壤和条件，反腐

败斗争就一刻不能停,必须永远吹冲锋号。"反腐败斗争关系民心这个最大的政治,是一场输不起也决不能输的重大政治斗争。新征程上,必须始终发扬彻底的自我革命精神,一刻不停推进反腐败斗争,坚持不敢腐、不能腐、不想腐一体推进,同时发力、同向发力、综合发力,坚决清除一切侵蚀党的健康肌体的病毒,确保党永远不变质、不变色、不变味。

打铁必须自身硬。党的二十大新闻中心举行的记者招待会上,一组反腐"大数据"引人注目:党的十八大以来,全国纪检监察机关共立案464.8万余件,其中,立案审查调查中管干部553人,处分厅局级干部2.5万多人、县处级干部18.2万多人。这些数据,见证着新时代十年我们党坚持以雷霆之势反腐惩恶的坚实行动。坚持无禁区、全覆盖、零容忍,坚持重遏制、强高压、长震慑,坚持受贿行贿一起查,坚持有案必查、有腐必惩,"打虎""拍蝇""猎狐"多管齐下……党的十八大以来,以习近平同志为核心的党中央以"得罪千百人、不负十四亿"的使命担当祛疴治乱,开展了史无前例的反腐败斗争。十年如一日、一刻不停歇,经过新时代全面从严治党的革命性锻造,反腐败斗争取得压倒性胜利并全面巩固，不敢腐的震慑充分彰显，不能腐的笼子越扎越牢，不想腐的自觉显著增强。党通过前所未有的反腐倡廉斗争，赢得了保持同人民群众的血肉联系、人民衷心拥护的历史主动，赢得了全党高度团结统一、走在时代前列、带领人民实现中华民族伟大复兴的历史主动。实践充分证明，全面从严治党，必须把反腐败作为重大政治任务。

善除害者察其本，善理疾者绝其源。新时代十年，反腐败斗争历程波澜壮阔、成就举世瞩目，但还远未到大功告成的时候。习近平总书记在二十届中央纪委二次全会上强调："反腐败斗争形势依然严峻复杂，遏制增量、清除存量的任务依然艰巨。"必须清醒认识到，腐败是党内各种不良因素长期积累、持续发酵的体现，反腐败就是同各种弱化党的先进性、损害党的纯洁性的病原体作斗争。这种斗争极其复杂、极其艰难，容不得丝毫退让妥协。还必须认识到，腐败和反腐败较量还在激烈进行，并呈现出"四个任重道远"的新的阶段性特征。我们对腐败的顽固性和危害性绝不能低估，必须保持零容忍的警醒、零容忍的力度，统筹推进各领域反腐败斗争，让那些反复发作的老问题逐渐减少直至不犯，让一些滋生的新问题难以蔓延,坚决把增量遏制住、把存量清除掉。

党风廉政建设永远在路上,反腐败斗争永远在路上。我们党作为百年大党,要永葆先进性和纯洁性、永葆生机活力,必须一刻不停推进党风廉政建设和反腐败斗争。从"坚决查处政治问题和经济问题交织的腐败",到"坚决防止领导干部成为利益集团和权势团体的代言人、代理人";从"坚决惩治群众身边的'蝇贪'",到"惩治新型腐败和隐性腐败";从"推进反腐败国家立法",到"加强新时代廉洁文化建设"……党的二十大报告着眼新时代新征程中国共产党的使命任务,对坚定不移全面从严治党作出战略部署,深刻阐明了坚持不敢腐、不能腐、不想腐一体推进的基本原则、战略重点、方法路径,为全面打赢反腐败斗争攻坚战持久战、以党的自我革命引领社会革命提供了根本遵循。把严的基调、严的措施、严的氛围长期坚持下去,深化标本兼治、系统治理,在不敢腐上持续加压,在不能腐上深化拓展,在不想腐上巩固提升,把不敢腐的震慑力、不能腐的约束力、不想腐的感召力结合起来,就能不断增强党自我净化、自我完善、自我革新、自我提高能力,以党永不变质确保红色江山永不变色。

　　以什么样的态度对待腐败、以什么样的行动破除腐败，决定着一个政党、一个政权的成败兴衰。习近平总书记强调："共产党人是唯物主义者，是无所畏惧的，怕什么？接受疾风暴雨、惊涛骇浪的考验，我说，'虽千万人，吾往矣'！没什么好怕的。"始终保持"赶考"的清醒和坚定，坚决打赢反腐败斗争攻坚战持久战，深入推进新时代党的建设新的伟大工程，我们这个百年大党就一定能在自我革命中不断焕发蓬勃生机，团结带领亿万人民战胜前进道路上的一切风险挑战，谱写新时代中国特色社会主义更加绚丽的华章。

《人民日报》2023年2月20日第5版

始终保持党的先进性和纯洁性
坚决惩治新型腐败和隐性腐败

陈伶俐

腐败是危害党的生命力和战斗力的最大毒瘤,反腐败是最彻底的自我革命。习近平总书记在党的二十大报告中对坚决打赢反腐败斗争攻坚战持久战作出重要部署,强调"惩治新型腐败和隐性腐败"。当前,反腐败斗争取得压倒性胜利并全面巩固,但反腐败斗争形势依然严峻复杂,传统腐败和新型腐败交织,贪腐行为更加隐蔽复杂,腐败手段隐形变异、翻新升级等问题依然存在。新时代新征程,继续走好中国特色反腐败之路,要准确把握腐败阶段性特征和变化趋势，创新反腐败工作机制，坚决惩治新型腐败和隐性腐败。

准确把握腐败阶段性特征和变化趋势。习近平总书记指出："要准确把握腐败阶段性特征和变化趋势，聚焦重点领域和关键环节，坚定不移'打虎'、'拍蝇'、'猎狐'"。一些腐败行为虽隐形变异、翻新升级，但都难掩其以权谋私、利益输送的实质。坚决惩治新型腐败和隐性腐败，要准确把握和深入研究腐败阶段性特征和变化趋势，总结梳理其表现形式，找准重点领域、易发环节，善于从"隐身衣""保护罩"下发现深层问题。

强化反腐败工作机制。习近平总书记强调："抓好党风廉政建设和反腐败斗争，必须全党动手。"惩治新型腐败和隐性腐败，需要有效动员组织全党全社会力量，不断延伸"责任链条"，持续强化"力量矩阵"，从体制机制上形成反腐一盘棋、一张网，凝聚反腐败斗争的强大合力。纪检监察机关要坚持党对反腐败工作全方位、全过程的领导，对新型腐败和隐性腐败保持高度警觉，敢于主动出击，善于精准施治。加强纪检监察机关与相关部门的协作配合，建立信息共享机制，提升办案效率，更加有力遏制增量、有效消除存量。针对新型腐败和隐性腐败的发生特点以及执纪执法过程中法律适用的现实难题，及时完善反腐败法律法规体系。充分运用现代科技手段，通过互联网赋能、大数据和云计算技术应用，加强数据分析研判，对新型腐败和隐性腐败进行有效监控和评估。

一体推进不敢腐、不能腐、不想腐。习近平总书记指出："必须深化标本兼治、系统治理，一体推进不敢腐、不能腐、不想腐。"把坚决惩治新型腐败和隐性腐败工作落到实处，对反腐败工作水平和能力提出了更高要求。我们要坚持标本兼治，把严肃惩治腐败、严密制度约束、严格教育引导紧密结合起来。一是在不敢腐上持续加压。永远吹冲锋号，始终保持零容忍震慑不变、高压惩治力量常在，强化对权力集中、资金密集、资源富集的部门和岗位的监管。严防转入地下的不正之风隐形变异、潜滋暗长，深挖根源、找准症结，施以重拳惩治。二是在不能腐上深化拓展。坚持关口前移，深化源头治理，强化党内监督与业务监督相结合，加强重点领域监督机制改革和制度建设，增强发现新型腐败、隐性腐败问题线索的主动性、能动性，不断压缩权力设租寻租的空间，斩断利益交换的链条。三是在不想腐上巩固提升。

加强新时代廉洁文化建设，加强理想信念教育，把廉洁要求贯穿日常教育管理监督之中，围绕新型腐败、隐性腐败的潜在风险点开展教育，筑牢党员干部拒腐防变的思想根基。要把不敢腐、不能腐、不想腐有效贯通起来，实现严厉惩治、规范权力和教育引导协调联动，铲除腐败滋生的土壤和条件，不断取得反腐败斗争新成效。

《人民日报》2023年3月2日第9版

廉洁奉公树立新风

人民日报评论部

"任何时候都不搞特殊化"的焦裕禄,带领兰考群众战天斗地;"不带私心搞革命,一心一意为人民"的谷文昌,在荒山石滩造林,留下满山木麻黄;群众心中的"最美扶贫书记"黄诗燕,被同事视为严于律己的"好班长",他唯愿"省点时间干点事"……这些群众喜爱的好干部,无不是严以律己、廉洁奉公的典型。为政清廉才能取信于民,秉公用权才能赢得人心。为奋进新征程凝心聚力,必须抓好党风廉政建设,激励广大党员、干部踔厉奋发、勇毅前行。

"廉洁奉公树立新风",是学习贯彻习近平新时代中国特色社会主义思想主题教育的五个具体目标之一。开展这次主题教育,要着力解决工作作风、廉洁自律方面的问题，教育引导广大党员、干部增强纪律意识、规矩意识，持续纠治"四风"，把纠治形式主义、官僚主义摆在更加突出的位置，做到公正用权、依法用权、为民用权、廉洁用权，推动形成清清爽爽的同志关系、规规矩矩的上下级关系、亲清统一的新型政商关系，当好良好政治生态和社会风气的引领者、营造者、维护者。

治国必先治党，党兴才能国强。在新时代十年伟大变革中，全面从严治党之所以取得历史性、开创性成就，产生全方位、深层次影响，根本在于以习近平同志为核心的党中央坚强领导，在于习近平新时代中国特色社会主义思想科学指引。在强国建设、民族复兴的新征程上，坚定不移深入推进全面从严治党，就要把思想和行动统一到习近平总书记重要讲话精神和党中央决策部署上来，提高政治站位，强化政治担当，狠抓工作落实，为全面建设社会主义现代化国家开好局起好步提供坚强保障。

党的作风就是党的形象。在第十八届中央纪律检查委员会第二次全体会议上，习近平总书记指出："改进工作作风的任务非常繁重，八项规定是一个切入口和动员令。"从公款吃喝等具体问题抓起，从月饼、粽子等"小事"查起，落实中央八项规定精神、以严明纪律整饬作风,丰富了自我革命有效途径,赢得了人民群众由衷称赞。实现"廉洁奉公树立新风"的目标,必须抓住"关键少数"以上率下,持续深化纠治"四风",重点纠治形式主义、官僚主义;必须弘扬党的光荣传统和优良作风,促进党员干部特别是领导干部带头深入调查研究,扑下身子干实事、谋实招、求实效;必须加强新时代廉洁文化建设,涵养求真务实、团结奋斗的时代新风。

党性是党员干部立身、立业、立言、立德的基石。只有把世界观、人生观、价值观的总开关拧紧了,把思想觉悟、精神境界提高了,才能从不敢腐到不想腐。深入学习习近平新时代中国特色社会主义思想,就要深刻感悟党的创新理论的真理力量、实践力量、人格力量,夯实理想信念的思想根基,涵养廉洁自律的道德修为。守住拒腐防变防线,最紧要的是守住内心。我们必须坚持学懂弄通做实党的创新理论,强化自我修炼、自我约束、自我改造,正心明道、怀德自重,勤掸"思想尘"、多思"贪欲害"、常破"心中贼",以内无妄思保证外无妄动。

党章中,"清正廉洁""勤政为民"明确了要求;宪法宣誓誓词中,"恪尽职守、廉洁奉公"昭示着决心。中国共产党人为的是大公,守的是大义,求的是大我。通过深入开展主题教育,广大党员、干部明大德、守公德、严私德,以忠诚干净担当的实际行动奋勇争先、建功立业,必能不断谱写全面建设社会主义现代化国家新的华章。

《人民日报》2023年5月11日第5版

常扫政治灰尘，永葆纯洁性和先进性

吴储岐

在学习贯彻习近平新时代中国特色社会主义思想主题教育工作会议上，习近平总书记指出，要"接受政治体检，打扫政治灰尘，纠正行为偏差，解决思想不纯、组织不纯方面存在的突出问题"。

"打扫灰尘"是一个形象的比喻。毛泽东同志在《论联合政府》一文中指出："房子是应该经常打扫的，不打扫就会积满了灰尘；脸是应该经常洗的，不洗也就会灰尘满面。我们同志的思想，我们党的工作，也会沾染灰尘的，也应该打扫和洗涤。"对党员、干部来说，"打扫灰尘"是敢于自我批评的勇气和胸襟，也是不断自我净化、自我完善、自我革新、自我提高的能力。

政治灰尘更要时常打扫。如果党员、干部放松了对主观世界的改造，就会存在思想不纯的问题，理想信念动摇、宗旨意识淡漠，继而政治判断力、政治领悟力和政治执行力不足，妄动就成为必然，甚至蜕化变质、跌入违法犯罪深渊。

"履霜，坚冰至"，坚决不能放任政治灰尘越积越厚，直至积重难返；必须防微杜渐，接受政治体检，常扫政治灰尘，永葆纯洁性和先进性。

打扫政治灰尘，要下足"自问"功夫。党性修养是一辈子的事，党员、干部多下一些自省自问的功夫，要像豫剧《朝阳沟》里的银环那样，"口问心、心问口"，问出毛病，问出根源。身处机关，问问自己，"是否因为不接地气而对根本宗旨有所淡忘？"基层工作，问问自己，"是不是忙于事务多、理论修养少？"工作多年，问问自己，"是否从当初的严谨细致渐渐变成了'差不多先生'？"要想始终保持政治清醒、站稳政治立场，就必须日三省、每事问，使自问成为一种习惯、一种自觉、一种责任，把常扫政治灰尘作为必修课程、终身课题。

要坚持求真务实。打扫卫生就怕偷工减料、自欺欺人；打扫政治灰尘同样怕敷衍塞责，走走过场。否则身上的问题还是会反弹回潮、变通变异。打扫政治灰尘，更多的时候是自己出题自己做，不能矫揉造作玩猫腻，更不能"是非面前不开口，见了矛盾绕道走"，要下功夫动真格，真诚倾听群众呼声、真实反映群众愿望、真情关心群众疾苦，真正把情况摸清、把问题找准、把对策提实，确保打扫一次就管用一次，勤打扫、管长久。

要用好批评和自我批评这一有力武器。批评和自我批评虽然"苦口"，但却是解决党内矛盾，推动党不断自我发展的一剂"良药"。好不好关键看疗效。开展批评和自我批评，就要敢于触及思想灵魂，敢于揭露矛盾问题，对不正之风、不良习气进行大排查、大扫除，使身体真正"出出汗""排排毒"，利用好这一利器达到刮骨疗毒的目的。

当前，全党正在深入开展主题教育，广大党员干部要牢记嘱托，以此次主题教育为契机，勇于刀刃向内、敢于自我解剖，检视自己的思想问题和行为偏差，始终保持忠诚干净担当的政治本色。

《人民日报》2023年5月16日第19版

以学正风，弘扬清廉之风

——推动主题教育取得实实在在的成效

仲 音

党的二十大报告提出，"加强新时代廉洁文化建设，教育引导广大党员、干部增强不想腐的自觉"。

清风润万家，廉韵启新程。开展廉洁文化宣传月活动，举办清廉主题演讲比赛；围绕新时期家庭家教家风工作召开现场推进会，组织党员、干部赴廉政教育基地参观学习……主题教育开展以来，各地紧紧锚定"廉洁奉公树立新风"的目标，推动学习贯彻习近平新时代中国特色社会主义思想走深走实。

"廉者，政之本也。"习近平总书记在内蒙古考察时对开展主题教育提出明确要求，对"以学正风"作出深刻阐释,强调"要弘扬清廉之风"。新时代新征程,党的建设特别是党风廉政建设和反腐败斗争面临不少顽固性、多发性问题,只有明方向、立规矩、正风气、强免疫,持续涵养求真务实、清正廉洁的新风正气,才能在新的赶考之路上考出好成绩。广大党员、干部要自觉用习近平新时代中国特色社会主义思想改造主观世界,深刻领会这一重要思想关于坚定理想信念、提升思想境界、加强党性锻炼等一系列要求,特别是要把这一重要思想的世界观、方法论和贯穿其中的立场观点方法转化为自己的思想武器,内化于心、外化于行,增强纪律意识、规矩意识,始终保持共产党人的高尚品格和廉洁操守。

为政清廉才能取信于民,秉公用权才能赢得人心。以学正风,弘扬清廉之风,就要牢固树立正确权力观。广大党员、干部只有做到公正用权、依法用权、为民用权、廉洁用权,推动形成清清爽爽的同志关系、规规矩矩的上下级关系、亲清统一的新型政商关系,才能当好良好政治生态和社会风气的引领者、营造者、维护者。党员、干部特别是领导干部要清醒认识到,我们党没有自己特殊的利益,党在任何时候都把群众利益放在第一位;自己手中的权力、所处的岗位,是党和人民赋予的,是为党和人民做事用的，只能用来为民谋利。要保持对权力的敬畏感，牢记清廉是福、贪欲是祸的道理，树立正确的权力观、地位观、利益观，任何时候都要稳得住心神、管得住行为、守得住清白。

弘扬清廉之风，重在自觉。以学正风，弘扬清廉之风，就要全面查找廉洁风险点，筑牢思想防线，坚守法纪红线。习近平总书记强调，"这次主题教育，要教育引导各级党组织和广大党员、干部突出问题导向，查不足、找差距、明方向，接受政治体检，打扫政治灰尘，纠正行为偏差，解决思想不纯、组织不纯方面存在的突出问题"。我们要对标党风要求找差距、对表党性要求查根源、对照党纪要求明举措，紧密结合新形势新任务新职责，把学、查、改有机贯通起来，全面查找自身不足和工作偏差。要守住政治关、权力关、交往关、生活关、亲情关，勤掸"思想尘"、多思"贪欲害"、常破"心中贼"，时刻警惕来自各方面的"围猎"，防止落入别人设置的"陷阱"，做一个一心为公、一身正气、一尘不染的共产党人。

弘扬清廉之风，贵在持久。以学正风，弘扬清廉之风，就要按照"三不腐"要求健全相关制度、严格执纪，建好护栏。当前，反腐败斗争取得压倒性胜利并全面巩固。但也要清醒看到，反腐败斗争形势依然严峻复杂，遏制增量、清除存量的任务依然艰巨，我们对腐败的顽固性和危害性绝不能低估，反腐倡廉必须常抓不懈，拒腐防变必须警钟长鸣。扎实开展主题教育，把反腐败斗争进行到底，关键是要一体推进不敢腐、不能腐、不想腐，坚持三者同时发力、同向发力、综合发力。要扎紧防治腐败的制度笼子，增强制度刚性，防止"破窗效应"，让党员、干部因敬畏而"不敢"、因制度而"不能"、因觉悟而"不想"，把不敢腐的强大震慑效能、不能腐的刚性制度约束、不想腐的思想教育优势融于一体，形成更多的制度性成果和更大的治理成效。

一心为公自会宠辱不惊，两袖清风方能正气凛然。以这次主题教育为契机，善于运用习近平新时代中国特色社会主义思想深入推进全面从严治党，着力从思想根源和制度机制上解决问题，永葆共产党人清正廉洁的政治本色，我们这个百年大党就一定能始终充满蓬勃生机和旺盛活力，始终成为中国特色社会主义事业的坚强领导核心。

《人民日报》2023年6月14日第1版

永葆共产党人的政治本色

张 辉

《尚书》有云:"与人不求备,检身若不及"。习近平总书记引用这句古语,指出"要有'与人不求备,检身若不及'的精神,时刻自重自省自警自励",强调"年轻干部要有'检身若不及'的自觉,经常对照党的理论、对照党章党规党纪、对照初心使命、对照党中央部署要求,主动查找、勇于改正自身的缺点和不足"。

中华文化一直有严于律己、克己修身的传统。"吾日三省吾身""行有不得,反求诸己""古之君子,其责己也重以周,其待人也轻以约",说的都是这个道理。检视自身、自省自励不仅是一种文化自觉,更是中国共产党人改造主观世界、加强党性修养的内在要求。敢于正视问题、勇于自我批评、勤于改正错误,这是共产党人实事求是的态度。

习近平总书记指出:"我们共产党人开展自我批评,根本动力来自党性,来自对党和人民事业高度负责的精神。"增强"检身若不及"的自觉,关键要秉持一颗公心、涵养一颗责任之心。1941年,重庆红岩村八路军办事处的生活条件极其艰难。有一次,在月底结算时,发现本不能报销的6角钱却差点给报销了。为此,掌管办事处财务工作的中共南方中央局常委、统战工作委员会书记董必武十分自责。他对身边的同志说,我们党的经费来得不容易,每分每厘都是同志们用血汗甚至生命换来的,我们只有精打细算的责任,没有浪费铺张的权力。之后,他主动在办事处召开的会议上作检查,并向党中央写了检讨信。这体现的正是革命先辈始终把人民利益放在第一位的坚定选择,折射一心为公、廉洁自律、防微杜渐的责任担当。

增强"检身若不及"的自觉,必须时刻用党章、用共产党员标准要求自己,经常进行思想政治体检、打扫思想政治灰尘。从扎实开展党内集中学习教育,到认真开好民主生活会、组织生活会,各级党组织和广大党员干部在思想上政治上不断进行检视、剖析、反思,同党中央要求"对标",拿党章党规"扫描",用人民群众新期待"透视",同先辈先烈、先进典型"对照",党的创造力、凝聚力、战斗力显著提高。实践表明,只有把自己摆进去、把职责摆进去、把工作摆进去,用好批评和自我批评这个锐利武器,才能不断提高思想境界、锻造过硬本领。

古人讲"闻过则喜",我们要涵养虚心接受批评的胸怀和气度,对待同志们的批评、群众的意见,做到胸襟开阔、诚恳接受,有则改之、无则加勉。要多站在群众角度想问题、办实事,把群众所忧所盼变成改进工作的突破口,用群众的满意度检验问题整改成效,在知行合一中检视自身、锤炼党性、践行宗旨。

"多想一想我们的工作怎么样,有没有对不起党和人民的地方。"杨善洲质朴的话语,道出了共产党人时刻的党性追求和时时放心不下的责任担当。新征程上,我们要增强"检身若不及"的自觉,永葆共产党人的政治本色,努力创造不负时代、不负人民的新业绩。

《人民日报》2023年11月6日第4版

坚决打赢
反腐败斗争攻坚战持久战

人民日报评论员

"新征程反腐败斗争,必须在铲除腐败问题产生的土壤和条件上持续发力、纵深推进。"习近平总书记在二十届中央纪委三次全会上发表重要讲话,深入阐释新征程反腐败斗争的总的要求,对持续发力、纵深推进反腐败斗争作出战略部署,强调"以永远在路上的坚韧和执着,精准发力、持续发力,坚决打赢反腐败斗争攻坚战持久战"。

腐败是危害党的生命力和战斗力的最大毒瘤,反腐败是最彻底的自我革命。党的十八大以来,以习近平同志为核心的党中央以"得罪千百人、不负十四亿"的政治担当,壮士断腕、刮骨疗毒的政治勇气,开展史无前例的反腐败斗争,经过新时代十年坚持不懈的强力反腐,反腐败斗争取得压倒性胜利并全面巩固。但形势依然严峻复杂,反腐败绝对不能回头、不能松懈、不能慈悲,必须永远吹冲锋号。我们要清醒认识反腐败斗争的新情况新动向,清醒认识腐败问题产生的土壤和条件,不断拓展反腐败斗争深度广度,对症下药、精准施治、多措并举,让反复发作的老问题逐渐减少,让新出现的问题难以蔓延,推动防范和治理腐败问题常态化、长效化。

坚决打赢反腐败斗争攻坚战持久战,必须加强党中央对反腐败工作的集中统一领导。在二十届中央纪委三次全会上,习近平总书记深刻阐述党的自我革命的重要思想,明确提出"九个以"的实践要求,其中排在第一位的就是"以坚持党中央集中统一领导为根本保证"。必须深刻认识到,坚持党中央集中统一领导是最高政治原则。只有在党中央集中统一领导下扎实有序推进,把坚持党的全面领导贯彻到管党治党全部工作之中,才能确保党牢牢把握反腐败斗争主动权,确保党的自我革命始终沿着正确方向前进。各级党委要切实强化对反腐败斗争全过程领导,坚决支持查办腐败案件,动真碰硬抓好问题整改。纪委监委作为专责机关，要更加主动担起责任，有力有效协助党委组织协调反腐败工作，整合反腐败全链条力量。各职能部门要坚持高效协同，自觉把党中央反腐败的决策部署转化为具体行动。

坚决打赢反腐败斗争攻坚战持久战，要牢牢把握新征程反腐败斗争的总的要求，坚持一体推进不敢腐、不能腐、不想腐，深化标本兼治、系统施治。要把思想和行动统一到习近平总书记重要讲话精神和党中央决策部署上来，持续保持惩治腐败高压态势，持续盯住"七个有之"问题，把严惩政商勾连的腐败作为攻坚战重中之重；要深化改革阻断腐败滋生蔓延，聚焦重点领域深化体制机制改革，强化对新型腐败和隐性腐败的快速处置；要进一步健全反腐败法规制度，健全加强对"一把手"和领导班子监督配套制度，加强重点法规制度执行情况监督检查；要加大对行贿行为惩治力度，严肃查处那些老是拉干部下水、危害一方的行贿人，加大对行贿所获不正当利益的追缴和纠正力度；要持之以恒净化政治生态，严明政治纪律和政治规矩，严肃党内政治生活，坚持不懈整治选人用人上的不正之风；要加强新时代廉洁文化建设，深入开展党性党风党纪教育，营造崇廉拒腐的良好风尚。

当今世界没有其他哪个政党、哪个国家能够像我们这样大规模、大力度、坚持不懈惩治腐败。高度自觉地以科学的态度、体系化的方式推进自我革命,这是我们党的显著优势,也是引领时代的制胜之道。更加紧密地团结在以习近平同志为核心的党中央周围,深入学习贯彻习近平总书记关于党的自我革命的重要思想,坚决铲除腐败问题产生的土壤和条件,坚决打赢反腐败斗争攻坚战持久战,确保党永远不变质、不变色、不变味,我们党就一定能在新征程上始终赢得保持同人民群众的血肉联系、人民衷心拥护的历史主动,赢得全党高度团结统一、走在时代前列、带领人民实现中华民族伟大复兴的历史主动。

《人民日报》2024年1月13日第1版

以正风肃纪反腐为重要抓手

人民日报评论部

党的二十大以来,截至2023年11月,全国共查处"四风"问题11.2万起,批评教育和处理16.1万人,其中给予党纪政务处分11.3万人;2023年,全国纪检监察机关共立案中管干部87人、厅局级干部3456人、县处级干部2.7万人;2023年,全国纪检监察机关立案行贿人员1.7万人,移送检察机关3389人……坚持以严的基调强化正风肃纪,坚决打赢反腐败斗争攻坚战持久战,成为深入推进党的自我革命的生动写照。

我们党作为百年大党,要永葆先进性和纯洁性、永葆生机活力,必须一刻不停推进党风廉政建设和反腐败斗争。在二十届中央纪委三次全会上,习近平总书记明确提出深入推进党的自我革命"九个以"的实践要求,强调"以正风肃纪反腐为重要抓手",并对新征程持续发力、纵深推进反腐败斗争作出战略部署。全面从严治党永远在路上,严厉惩治这一手绝不能放松。始终保持"赶考"的清醒,保持对"腐蚀""围猎"的警觉,把严的主基调长期坚持下去,以系统施治、标本兼治的理念正风肃纪反腐,不断增强党自我净化、自我完善、自我革新、自我提高能力,才能跳出治乱兴衰的历史周期率,引领和保障中国特色社会主义巍巍巨轮行稳致远。

一个政党,一个政权,其前途和命运最终取决于人心向背。人民群众最痛恨腐败,不得罪成百上千的腐败分子,就要得罪14亿多人民。党的十八大以来,从以钉钉子精神纠治"四风",到开展史无前例的反腐败斗争,再到完善党和国家监督体系……习近平总书记亲自谋划、亲自部署、亲自推进党风廉政建设和反腐败斗争,探索出依靠党的自我革命跳出历史周期率的有效途径。党通过前所未有的反腐倡廉斗争,赢得了保持同人民群众的血肉联系、人民衷心拥护的历史主动,赢得了全党高度团结统一、走在时代前列、带领人民实现中华民族伟大复兴的历史主动。实践深刻表明,加强党对反腐败斗争的集中统一领导,新时代新征程深入推进全面从严治党、党风廉政建设和反腐败斗争就有了根本遵循和胜利保证。

"新征程反腐败斗争,必须在铲除腐败问题产生的土壤和条件上持续发力、纵深推进。"在二十届中央纪委三次全会上,习近平总书记明确提出新征程反腐败斗争总的要求,即"坚持一体推进不敢腐、不能腐、不想腐,深化标本兼治、系统施治,不断拓展反腐败斗争深度广度,对症下药、精准施治、多措并举,让反复发作的老问题逐渐减少,让新出现的问题难以蔓延,推动防范和治理腐败问题常态化、长效化"。贯彻落实好这一总的要求,按照这次全会具体部署,各级党委要切实强化对反腐败斗争全过程领导,纪委监委要有力有效协助党委组织协调反腐败工作,各职能部门要自觉把党中央反腐败的决策部署转化为具体行动。对反腐败斗争的新情况新动向,对腐败问题产生的土壤和条件,全党必须有清醒认识,以永远在路上的坚韧和执着,精准发力、持续发力,坚决打赢反腐败斗争攻坚战持久战。

"对违规吃喝、违规收送礼品礼金、违规发放津贴补贴、违规操办婚丧喜庆、公车私用等作风顽疾露头就打……"2023年12月22日,中央纪委印发《关于做好2024年元旦春节期间正风肃纪工作的通知》,围绕重要节点持续巩固深化党风廉政建设，有力彰显了作风建设永远没有休止符、反腐败斗争必须永远吹冲锋号的坚强决心。以正风肃纪反腐为重要抓手推进党的自我革命，就要贯彻落实好习近平总书记重要讲话精神和党中央决策部署，做好持续保持惩治腐败高压态势、深化改革阻断腐败滋生蔓延、进一步健全反腐败法规制度、加大对行贿行为惩治力度、持之以恒净化政治生态、加强新时代廉洁文化建设等工作，坚决同各种弱化党的先进性、损害党的纯洁性的病原体作斗争，将反腐败斗争进行到底。

为政清廉，才能取信于民。习近平总书记曾引述中央苏区时期毛泽东同志说过的"应该使一切政府工作人员明白，贪污和浪费是极大的犯罪"这句话，要求党员、干部继承和发扬党的优良传统、坚决破除"四风"顽疾。反对腐败、建设廉洁政治，是我们党一贯坚持的鲜明政治立场，是党自我革命必须长期抓好的重大政治任务。持之以恒正风肃纪，坚决清除腐败毒瘤，才能永葆党的政治本色，为以中国式现代化全面推进强国建设、民族复兴伟业提供坚强保障。

《人民日报》2024年2月2日第5版

自觉做良好政治生态的有力促进者

吴阳松

良好政治生态是党的创造力、凝聚力和战斗力生成的基础,是党的各项事业蓬勃发展的保障。习近平总书记在2024年春季学期中央党校(国家行政学院)中青年干部培训班开班之际作出重要指示,强调年轻干部"要自觉做良好政治生态的有力促进者",为年轻干部发扬彻底的自我革命精神、严守纪律规矩、永葆清正廉洁的政治本色提供了根本遵循。

讲政治纪律、守政治规矩是营造良好政治生态的基础。人不以规矩则废,党不以规矩则乱。严格的纪律性是我们党的政治优势和光荣传统,守纪律、讲规矩是共产党人的政治责任。在我们党的纪律体系中,政治纪律是打头、管总的。年轻干部自觉做良好政治生态的有力促进者，就要始终同以习近平同志为核心的党中央保持高度一致而不另搞一套、维护团结而不拉帮结派、令行禁止而不我行我素、服从组织而不讨价还价、管好亲朋严防擅权干政，自觉做政治上的明白人、老实人。

作风是政治生态最直接的体现、最直观的标尺。作风反映领导干部的思想品质、道德修养和文化素养，是其世界观、人生观、价值观的集中体现，在一定程度上代表党和政府的形象，关系政治生态清明与否。一个地方、一个单位，领导干部作风好，歪风邪气就会少、清风正气就会浓、为民作风就会实。年轻干部要常修为政之德，常思贪欲之害，常怀律己之心，从日常生活严起，保持严肃的生活作风、培养健康的生活情趣，始终做到节俭朴素。特别是要强化自我约束，不论是在公开场合还是私底下、无人时、细微处，都要做到慎独慎微、慎始慎终。把力戒形式主义和官僚主义作为加强作风建设的重点，始终保持谦逊低调，自觉同特权思想和特权现象作斗争，在交往中有原则、有界限、有规矩，构筑起预防和抵制腐败的防护网，防范被利益集团"围猎"。

"风清则气正，气正则心齐，心齐则事成。"清正廉洁是我们党的政治本色，廉洁凝聚人心，腐败背离民意。只有坚持权为民所用、情为民所系、利为民所谋，才能获得最广泛、最可靠、最牢固的群众基础和力量源泉。年轻干部要牢记清廉是福、贪欲是祸的道理，经常对照党的理论和路线方针政策、对照党章党规党纪、对照初心使命，看清一些事情该不该做、能不能干。守住拒腐防变防线，最紧要的是守住内心。要从小事小节上守起，正心明道、怀德自重，经常性开展政治体检，主动打扫心灵上的灰尘、清除思想上的杂念、校正行动上的偏差，以内无妄思保证外无妄动。始终心存敬畏、手握戒尺，正确处理公私、义利、是非、情法、亲清、俭奢、苦乐、得失的关系，清清白白为官、干干净净做事、老老实实做人，在用好权、尽好责、办好事中推动形成风清气正的良好政治生态。

自然生态要山清水秀，政治生态也要山清水秀。肩负民族复兴大任，年轻干部要自觉做良好政治生态的有力促进者，树立正确的权力观、地位观、利益观，任何时候都要稳得住心神、管得住行为、守得住清白，以为民、务实、清廉的实际行动去带动身边人、影响周围人、感染更多人，以清风正气凝聚干事创业正能量。

《人民日报》2024年4月26日第9版

廉不言贫 勤不道苦

郭舒然

"廉不言贫,勤不道苦"。习近平同志在福建工作期间,在《干部的基本功——密切联系人民群众》一文中用这句话勉励干部。对广大党员、干部来说,立德修身、为政用权、干事创业,既要崇廉,也要尚勤。应以党纪学习教育为契机,深悟廉与勤,更好拒腐防变、担当作为。

清廉乃为政之本。非俭无以养廉,非廉无以养德。节俭朴素,力戒奢靡,是我们党的传家宝。开国少将彭显伦,长征期间就负责红军的后勤工作。这位与钱物打了一辈子交道的"后勤管家",廉洁奉公、克勤克俭,一件衣服"夏天把棉花掏出来,变为夏装;冬天塞进棉花,又成冬衣",打了21个补丁。现在,条件好了,物质丰盈、生活丰富，大家面对的诱惑也多了。追求"廉不言贫"，就要保持节俭朴素、谦逊低调，勤掸"思想尘"、多思"贪欲害"、常破"心中贼"，方能稳得住心神、管得住行为、守得住清白，永葆政治本色。

勤政乃成事之要，是为官应有之义、必尽之责。为民办事，就要不畏辛苦，乐于尝苦味、出苦力。"百姓书记"王伯祥带领山东寿光干部群众开发寿北盐碱滩，吃住都在工地上，和大家一起推车挑担，一干就是四五十天，在盐碱滩涂上留下15万亩虾池、20万亩盐田、60万亩棉田。凡事，勤则成，怠则废。对于"不作为、乱作为、慢作为、假作为""工作中不敢斗争、不愿担当，面对重大矛盾冲突、危机困难临阵退缩"等行为，《中国共产党纪律处分条例》均明确了处分规定。常悟"勤不道苦"，就能少一分喊苦喊累的抱怨，多一分履职尽责的进取心；就能少一分名缰利锁的束缚，多一分务实担当的精气神。

廉与勤，相辅相成、相互促进。"四有"书记谷文昌常对身边人说："当领导的要先把自己的手洗净，把自己的腰杆挺直！"植树造林、治理风沙、修建水库，哪里有难题，哪里就有他瘦削的身影。廉字打底，勤字当头，是为官从政的基本坐标。自身正、自身净、自身硬,把干净和担当、勤政和廉政统一起来,才能挑重担子、啃硬骨头、接烫手山芋,创造性地完成工作。

习近平总书记强调:"党的干部都是人民公仆,自当在其位谋其政,既廉又勤,既干净又干事。"激发担当精神,增强对"为官不为"的耻感,在思想深处树牢清正廉洁、勤政为民的意识,始终做到忠诚干净担当,我们就没有什么困难不能克服,没有什么目标不能实现。

《人民日报》2024年6月3日第4版

融入日常 化为习惯
建立健全纪律教育机制

张 鹏

习近平总书记指出:"党的各级组织要积极探索纪律教育经常化、制度化的途径,多做提提领子、扯扯袖子的工作"。在全党开展党纪学习教育,是加强党的纪律建设、推动全面从严治党向纵深发展的重要举措。党的二十届三中全会通过的《中共中央关于进一步全面深化改革、推进中国式现代化的决定》提出:"建立经常性和集中性相结合的纪律教育机制,深化运用监督执纪'四种形态',综合发挥党的纪律教育约束、保障激励作用。"新征程上,我们要深学细悟习近平总书记关于全面加强党的纪律建设的重要论述,深入学习贯彻《决定》关于纪律教育的重要部署，引导党员干部把增强党性、严守纪律、砥砺作风贯通起来，融入日常、化为习惯，综合发挥党的纪律教育约束、保障激励作用。

坚持党性党风党纪一起抓。党性、党风、党纪是有机整体，党性是根本，党风是表现，党纪是保障。要坚持党性党风党纪一起抓，把加强党性教育当作基础性工作来抓，弘扬忠诚老实、公道正派、实事求是、清正廉洁等价值观，着力消除"四风"问题产生的思想根源，锲而不舍落实中央八项规定精神，教育引导广大党员干部传承党的光荣传统和优良作风，把以权谋私、贪污腐败看成极大耻辱，时刻自重自省自警自励，不越纪律底线，不踩规矩红线，做遵规守纪的明白人。

坚持正面教育与反面警示相结合。要坚持正面教育，用党的理想信念宗旨、优良传统作风、高尚道德追求引领人、感染人、教育人，努力使守纪律成为党员干部浸在骨子里、融在血液中的自觉修养。要加强反面警示教育，运用违纪违法案例、警示教育片、忏悔录及警示教育基地等，开展以案说德、以案说纪、以案说法、以案说责，让心存敬畏、手握戒尺真正成为党员干部的日常自觉，切实做到公正用权、依法用权、为民用权、廉洁用权。

坚持全面教育与重点教育相结合。党的纪律是一个系统完备、配套衔接的纪律体系。加强纪律教育，就要坚持全面教育与重点教育相结合。党内法规是管党治党的重要依据，各级党组织要把学习党内法规作为一项制度，组织广大党员干部把党内法规全面学习好、理解好、执行好。要突出学习党章这个重点，把党章学习作为一项经常性工作来抓。要深刻认识到政治纪律是党的各项纪律中最重要、最根本、最关键的纪律，遵守党的政治纪律是遵守党的全部纪律的重要基础。要以严明政治纪律带动组织纪律、廉洁纪律、群众纪律、工作纪律、生活纪律全面从严。

坚持学纪守纪与执纪监督相结合。党纪教育与执纪监督要贯通起来，让铁纪"长牙"、发威，让广大党员干部重视、警醒、知止。要建立健全制度机制，着力解决一些党员干部对党规党纪不上心、不了解、不掌握等问题，督促广大党员干部自觉把学纪知纪明纪守纪内化于心、外化于行。狠抓执纪监督，做到有令必行、有禁必止，执纪必严、违纪必究。准确运用监督执纪"四种形态"，抓早抓小，防止"破窗效应"；充分发挥纪律惩戒作用，坚决查处违反纪律的行为，切实维护纪律的刚性、严肃性。

习近平总书记强调："进一步加大宣传教育力度，把党规党纪作为理论学习、党校培训的必修课"。党校、干部学院作为培训党的领导干部的主渠道，要把党纪学习教育作为理论武装、党性教育和履职能力培训的必修课，推动党纪学习教育与干部教育培训有机融合。要充分发挥好党校、干部学院作为不正之风"净化器"、党性锻炼"大熔炉"、全面从严治党"风向标"的重要作用。深入开展理想信念、党的性质宗旨、革命传统、中华民族传统美德、党风廉政等教育，把党章党规党纪教育作为党性教育重要内容。从严治院治教治学，把学习培训过程转化为接受纪律教育、形成纪律自觉的过程，推动党员干部养成纪律规矩意识。深入研究纪律教育和培训内在规律，融通教育资源、改进教育方法，综合运用案例式、研讨式、情景式、体验式等方式方法，丰富载体和形式，着力提高纪律教育的系统性、针对性、实效性，推动党的纪律规矩入脑入心。

《人民日报》2024年8月13日第9版

着力铲除腐败滋生的土壤和条件

罗小峰

腐败是危害党的生命力和战斗力的最大毒瘤,反腐败斗争一刻也不能停歇。2024年8月,习近平总书记作出重要指示,充分肯定党纪学习教育取得的成果,对巩固深化党纪学习教育成果提出明确要求,其中一个重要要求是"要着力铲除腐败滋生的土壤和条件,更加有效遏制增量、清除存量"。围绕深入推进党风廉政建设和反腐败斗争,党的二十届三中全会《决定》提出"着力铲除腐败滋生的土壤和条件"。着力铲除腐败滋生的土壤和条件,需要科学分析腐败的规律和特点,坚持系统施治、标本兼治,确保一体推进不敢腐、不能腐、不想腐。

权力滥用是腐败的本质特征,要以监督制约机制压缩权力滥用的空间。权力一旦被滥用，便会滋生腐败，造成很大危害。腐败蔓延的地方往往也伴随着严重的权力滥用现象。现实中，有的党员干部没能树立正确的权力观，公权私用、公报私"恩"，滥用了党和人民赋予的权力。防范权力滥用，监督制约至关重要，必须完善党和国家监督体系，扎牢织密监督网，盯住权力运行全过程、各环节，让权力在阳光下运行。这就能够不断挤压乃至消除权力滥用的空间，切实把权力关进制度的笼子。

谋取利益是腐败的主要动机，要从根本上斩断获取不当利益的链条。那些腐败分子虽然深知腐败必然要付出惨痛代价，却仍然越过党纪国法的红线，主要是因为经受不住利益的诱惑。如果能够从根本上斩断获取不当利益的链条，腐败必将大大减少。一方面，要通过完善对重点行贿人的联合惩戒机制等措施堵住输送不当利益的入口；另一方面，要通过加强领导干部个人事项报告情况核查等措施消除腐败分子把不当利益稳稳装进腰包的可能，打消其不当利益可以"落袋为安"的幻想，从两端把获取不当利益的链条彻底斩断。

利益交换是腐败的重要表现，要通过整治圈子文化营造良好政治生态。等价交换、互通有无,从而满足不同主体需求,这是市场经济配置资源的形式。腐败则是错误地将商品交换原则引入党内,进行腐败交易的双方通过为对方违法用权,以权力交换完成利益交换,实现双方不能通过合法方式实现的目的。圈子文化是滋长利益交换的温床。分析一些典型案例不难发现,少数党员干部就是在各种圈子的推杯换盏中不知不觉掉进了别有用心者设的"局"里,成为利益交换的参与者和受益人,最终一步步堕入拉帮结派、结党营私的腐败深渊。大力破除圈子文化,当前尤其需要重点整治那些热衷编织圈子、为利益交换充当掮客的行为,不断消除产生圈子文化的社会条件,推动政治生态持续好转。

行"潜规则"是腐败的重要方式,要立"明规矩"使"潜规则"无处容身。"潜规则"由腐败催生,而"潜规则"大行其道又成为进一步助长腐败的重要因素。特别是在权力集中、资金密集、资源富集领域,一些"潜规则"的盛行严重损害社会公平正义,阻碍党和国家事业发展。破除"潜规则",关键是立好"明规矩"。令在必信,法在必行。要严字当头,狠抓制度建设和制度执行,把制度的刚性和权威牢固树立起来,使"明规矩"

硬起来；同时对"潜规则"露头就打，在全社会形成依法依规才能办成事、办好事的浓厚氛围，让"潜规则"没有市场，最终烟消云散。

《人民日报》2024年9月6日第13版

打造优质的廉洁文化产品

陈世瑞

廉洁文化产品,是做好廉洁教育、推进廉洁文化建设的重要载体。如何进一步增强廉洁文化产品的感染力、传播力,需要持续探索、不懈创新。

习近平总书记强调:"要在不想腐上巩固提升,更加注重正本清源、固本培元,加强新时代廉洁文化建设,涵养求真务实、团结奋斗的时代新风。"廉洁文化对政治生态具有潜移默化的影响。深挖内涵、创新形式、丰富载体,推出更多守正气、接地气的廉洁文化产品,有助于引导激励党员干部深化廉洁自律意识,筑牢"不想腐"的思想堤坝。

增强受众意识,才能打动人、影响人。廉洁文化产品越贴近时代、贴近生活,就越容易入脑入心。近年来,许多地方积极探索新形式、新渠道，丰富廉洁文化产品内涵，提升质量，推动廉洁教育与党员干部日常生活相结合。比如，天津围绕"家书"打造品牌活动，鼓励领导干部和家人互写廉洁家书，在增进情感交流中提升思想认识，推动廉洁文化建设走深走实。以"小切口"做好"大文章"，用真情实感触动人，有助于形成学廉、思廉、践廉的浓厚氛围。

优质的廉洁文化产品，既要形象直观，也要有说服力。把崇清尚廉的思想内涵和群众喜闻乐见的形式有机结合起来，方能引发思想和情感共鸣。动画、漫画、短视频、微电影、非遗……当前，不少地方通过融入各种元素创新廉洁文化产品，吸引了更广泛的社会关注。要想达到好的教育效果，形成长期影响力，还需进一步强化精品意识，让廉洁文化产品既"出新"更"走心"。

打造廉洁文化产品，要把内容、质量放在第一位。山东济宁梁山县纪委监委打造廉洁文化产品《程勉退鱼》时，采用了微电影这一广受欢迎的形式，还组织基层文艺工作者和文史研究者翻阅县志、察看碑刻、走访民众、征集文献，搜集当地家风家训故事等，合理丰富作品内涵，把一个老故事讲出了新鲜感、时代感，给人以启示。

抓住根本，以高品质内容吸引人、感染人，扎实推动廉洁文化建设，就能切实发挥好作品的教育引导作用。

注重线上线下双向发力，拓展廉洁教育阵地，推动廉洁文化融入日常生活。一方面，要善用传统的媒介、渠道，将廉洁文化元素融入地铁站、公交车、市民公园等公共场所，推动廉洁文化进机关、进企业、进学校、进村社等，营造更加浓厚的廉洁文化氛围。另一方面，努力把握新媒体时代传播特点，综合运用短视频、直播等方式，以更强的互动、更好的体验，吸引人们主动接触廉洁文化产品，获得廉洁文化的滋养。

廉，重在自觉，贵在持久，难在彻底。筑牢拒腐防变的长期防线，不仅需要建设刚性的制度体系，还要发挥文化的浸润作用。立足现实，面向生活，用好各方面资源，推进工作理念、内容、形式、方法全方位创新，丰富优质廉洁文化产品和服务供给，推动廉洁文化建设向社会延伸、向常态拓展，定能进一步增强广大党员干部廉洁奉公的行动自觉，让清风正气不断充盈。

《人民日报》2024年9月25日第5版

筑牢不想腐的思想根基

王健霞

"廉者,政之本也。"清正廉洁是中国共产党人的政治本色。推进党风廉政建设和反腐败斗争,既要猛药去疴、重典治乱,也要固本培元、凝心铸魂,不断筑牢不想腐的思想根基。习近平总书记指出:"一个干部只有把世界观、人生观、价值观的总开关拧紧了,把思想觉悟、精神境界提高了,才能从不敢腐到不想腐。"贯彻落实党的二十届三中全会通过的《中共中央关于进一步全面深化改革、推进中国式现代化的决定》关于深入推进党风廉政建设和反腐败斗争的重要部署,要求党员干部不断筑牢不想腐的思想根基。

思想是行动的"总开关"。保持清正廉洁的政治本色,根本上要靠坚定的理想信念。方志敏被俘时,国民党士兵从衣领搜到袜底,除了一块怀表和一支钢笔外,一文钱也没有搜出,搜身的士兵难以相信这位经手款项总数上百万元的共产党领导居然如此"穷酸"。西藏自治区阿里地委原书记孔繁森去世时,遗物中只有8元6角钱和去世前四天写下的关于发展阿里经济的12条建议。是什么支撑他们在艰苦的斗争和工作中始终一尘不染、两袖清风?从方志敏"因为我们信仰的主义,乃是宇宙的真理"的豪言中,从孔繁森"冰山愈冷情愈热,耿耿忠心照雪山"的诗句中,我们能够找到答案,那就是理想信念的力量。有了坚定的理想信念,站位就高了,眼界就宽了,心胸就开阔了,就能在各种诱惑面前立场坚定。今天,党员干部面临的诱惑、"陷阱"更加复杂多样,只有不断增强信仰、信念、信心,才能练就拒腐防变的"金刚不坏之身"。

腐败的本质是权力的滥用,树立正确的权力观是党员干部保持清正廉洁的关键,而树立正确的权力观首先要有正确的公私观。公私不分、公权私用,就不可能做到清正廉洁。县委书记的榜样焦裕禄公私分明,从不利用手中权力为自己和亲属谋私利。"任何时候都不搞特殊化",是他为官做事的原则。妻子托他给亲戚安排工作,他却说:"我没这个权力。"焦裕禄始终克己奉公、廉洁用权,生动诠释了什么是共产党人应有的权力观、公私观。权为民所赋,权为民所用。党员干部要清醒认识到,自己手中的权力、所处的岗位,是党和人民赋予的,是为党和人民做事用的,只能用来为民谋利。要在公与私之间划一条鲜明的红线,时刻秉公心、守公道,不让权力任性"出界",真心实意为民办实事。

心有所戒,方能行有所止。不断强化纪律意识、养成纪律自觉,时刻拿起纪律这把戒尺衡量言行,党员干部就有了拒腐防变的免疫力。在河南林州市红旗渠纪念馆中,一张张收支票据及贴着票据的炸药箱,保存完好、清晰可查。修建红旗渠时,修渠物资分类管理,出入有手续、调拨有凭据,月月清点;粮食和资金补助严格按照记工表、伙食表、工伤条等单据对照执行。十年修渠,没有发生过一起贪污腐败事件,干部群众恪守各项规章制度,红旗渠既成为一条生命渠、幸福渠,也成为一条廉洁渠。红旗渠的故事让我们感受到,制度意识、纪律意识对于党员干部保持清正廉洁格外重要。现实中,一些党员干部纪律意识淡薄,不知道党的纪律规矩是什么,或对党的纪律规矩毫无敬畏之心,将其当成摆设,这就很容易突破底线、触碰红线。我们党是用革命理想和铁的纪律组织起来的马克思主义政党。对党来说，纪律严明确保全党始终具有强大的凝聚力、战斗力。对党员干部个人来说，坚定的纪律意识是在诱惑面前保持定力、在"围猎"面前保持本色的"护身符"。把遵规守纪刻印于心，内化为心中守则，不断增强纪律自觉、加强自我约束，才能做到不放纵、不越轨、不逾矩，清清白白做人、干干净净做事，努力创造经得起实践、人民、历史检验的实绩。

《人民日报》2024年9月25日第9版

"拍蝇"不手软　反腐惠民生

李　斌

切实抓好群众身边不正之风和腐败问题集中整治，是促进改革成果更多更公平惠及全体人民的必然要求，是关系党的执政根基的大事。

中央纪委国家监委通报显示，2024年1至9月，全国纪检监察机关共立案乡科级干部8.9万人；立案现任或原任村党支部书记、村委会主任7.7万人。基层反腐"拍蝇"不手软，见证全面从严治党向纵深发展的铿锵态势，让基层群众感受到全面从严治党就在身边，坚定了打赢反腐败斗争攻坚战持久战的信心决心。

习近平总书记强调，"切实解决发生在群众身边的不正之风和腐败问题"。坚决惩治群众身边的腐败，是新时代全面从严治党的一个鲜明特征。从严肃惩治啃食集体经济、损害群众利益的"蝇贪蚁腐",到坚决查处民生领域的腐败问题,纪检监察机关着力打通基层执纪监督的"最后一公里",以正风肃纪新成效赢得基层群众的信赖和支持。

反腐,非零容忍、严惩治不足以形成有力震慑。铲除腐败病灶,需要织密织牢制度的笼子、充实壮大基层监督力量,确保任何权力都不能凌驾于法律之上、逃脱监督之外。近年来,得益于国家监察体制改革,省、市、县三级监察委员会有效整合反腐败资源力量,村党组织书记、村委会主任等群体都被纳入监察对象,为遏制基层腐败提供了一把"利剑"。结合基层腐败的规律特点和演变趋势,持续铲除腐败滋生的土壤和条件,方能让"不敢腐""不能腐""不想腐"成为现实。

阳光是最好的防腐剂。强化权力监督与制约,先进技术是好帮手。着眼养老社保领域监督点多、线长、面广的情况,河南郑州市纪委监委借助智慧监督平台,精准发现"人情保""关系保"等问题;针对"乡村公益性岗位"政策落实等情况,四川资阳市纪委监委采取"线上数据比对+线下实地走访"的方式,聚焦公益性岗位聘用程序不规范、聘任对象不精准以及虚报套取或克扣挪用补贴等问题开展整治。技术的有效运用，能延伸监督触角、提升监督效率，让监督真正落到实处。

治理基层微腐败不只是纪委监委的职责，基层党委和政府必须承担起党风廉政建设和反腐败斗争的主体责任，在加强作风建设、维护群众利益、强化权力制约和监督等方面挺膺担当、积极作为。比如在脱贫攻坚战中，许多地方分配和使用各类惠农助农资金资源，从"大水漫灌"转变为"精准滴灌"，从"千篇一律"转向"因人施策"，有效防范了吃拿卡要、优亲厚友、虚报冒领、侵占克扣等问题。由此可见，在基层治理各环节明确管党治党责任清单，从严从实强化督查和问责，能让腐败问题得到有效遏制。

移风易俗，亦是治理基层腐败的重要切入口。基层腐败往往是打着"人情往来"的幌子，与"不收礼不办事""有权不用，过期作废"等不良观念有很大关系。加强新时代廉洁文化建设，增进基层党员干部的法治意识和法治精神，在社会上积极培育时代新风新貌，有助于营造风清气正的政治生态。

"不矜细行，终累大德。"对党员干部而言，清廉是对党和人民的最好交代，也是对自己的最好爱护、对家人的最好馈赠。党员干部带头坚守正道、弘扬正气,营造风清气正的政治生态,基层发展就有了稳健压舱石,改革发展成果就能得到有效守护。

《人民日报》2024年11月25日第5版

一刻不松　寸步不让

桂从路

2024年底，中央纪委国家监委公开通报了7起违反中央八项规定精神的典型问题，强调"中央八项规定是铁规矩、硬杠杠，必须一刻不松、寸步不让"。

此前还公布了2024年11月全国查处违反中央八项规定精神问题汇总情况，共查处28327起，批评教育和处理38961人，其中党纪政务处分27996人。这是连续第135个月公布月报数据。

明确的态度，坚决的行动，既是对一些人降调变调错误期待的有力回应，也树立了激浊扬清一以贯之、扶正祛邪一抓到底的鲜明导向。

新时代以来，从遏制"舌尖上的浪费"、刹住"车轮上的腐败"、整治"会所中的歪风"，到"打虎""拍蝇""猎狐"多管齐下，正风肃纪反腐取得了显著成效。但也应看到，"四风"问题具有反复性、顽固性，容易反弹回潮、隐形变异。这次公布的典型案例，有不少就是党的二十大之后发生的。在中央三令五申下仍然不收敛不收手，这反映出遏制增量、清除存量的任务依然艰巨。

实践深刻警醒我们，作风建设永远在路上，来不得半点松劲、松懈，否则就可能前功尽弃，甚至反噬来之不易的成果。只有一刻不松、寸步不让，紧盯改头换面、隐蔽隐性问题，露头就打、从严查处，才能形成强有力的震慑，不断压缩乃至消除歪风邪气的生存空间。要把严的基调、严的措施、严的氛围长期坚持下去，持之以恒纠治"四风"。

由风及腐、风腐交织是一些违纪违法案件的共同点。中央纪委国家监委通报的案例中，不少都有收受管理和服务对象所送礼金、接受私营企业主安排的宴请，以及食用高档食材、饮用高档白酒等问题。许多落马官员的忏悔录都写到，贪污腐败往往是从一条烟、一张卡、一顿饭开始的，这也一再表明不正之风是滋生腐败行为的温床。

在小事小节上守不住，就容易一发不可收拾，滑向万劫不复的深渊。零容忍纠治"四风",既是斩断由风及腐链条的必然要求,也是有效遏制腐败增量的迫切需要。以风腐同查同治为突破口和切入点,以同查破解不正之风隐形变异发现难问题,以同治铲除风腐问题滋生的土壤和条件,切实解决由风及腐、风腐交织的问题,定能不断提升作风建设和反腐败斗争的治理效能。

从推进中国式现代化建设的大局看,实现既定奋斗目标、战胜风险挑战需要以优良作风作保障,对党员干部的作风提出了更高要求。2025年是"十四五"规划收官之年,改革发展稳定任务十分繁重。作风建设必须一抓到底,驰而不息,不断以作风建设新成效赢得群众支持、促进事业发展。

习近平总书记深刻指出:"遵规守纪,就会拥有干事创业的充分自由和广阔空间。"抓作风建设,决不是不担当、不作为的借口,而是为党员干部干净干事、大胆干事提供了行动准绳,设置了安全防护栏。通过作风建设打造"护身符""安全带",这是对党员干部的真正爱护,也是推动各项事业发展的坚实支撑。

党的纪律和干事创业是内在统一的。既一体推进整饬作风、惩治腐败,又为敢于担当作为者撑腰鼓劲,激发党员干部干事创业的积极性主动性创造性,推动形成锐意进取、奋勇争先的生动局面,我们定能不断创造经得起历史和人民检验的实绩。

《人民日报》2025年1月6日第4版

进一步坚定
反腐败斗争的决心和信心

人民日报评论员

"腐败是我们党面临的最大威胁,反腐败是最彻底的自我革命。"在二十届中央纪委四次全会上,习近平总书记从推进中国式现代化建设的战略高度,充分肯定新时代以来推进全面从严治党和反腐败斗争取得的成效,深刻分析当前反腐败斗争形势,强调:"要坚决澄清各种错误认识,廓清思想迷雾,进一步坚定反腐败斗争的决心和信心。"

党的十八大以来,以习近平同志为核心的党中央以自我革命的高度自觉,以"得罪千百人、不负十四亿"的使命担当,带领全党深入推进全面从严治党和反腐败斗争,坚持有腐必反、有贪必肃,力度前所未有,成效有目共睹。2024年,"打虎"无禁区,同时惩治"蝇贪蚁腐",查处群众身边不正之风和腐败问题超70万件。新时代以来,党心军心民心空前凝聚振奋,一个重要原因就在于我们党始终以零容忍态度惩治腐败。习近平总书记在重要讲话中用赢得了"两个历史主动"作了高度概括:"赢得了确保党不变质、不变色、不变味的历史主动,赢得了党团结带领全体人民为强国建设、民族复兴伟业共同奋斗的历史主动。"

同时必须清醒看到,反腐败斗争形势仍然严峻复杂,铲除腐败滋生土壤和条件任务仍然艰巨繁重。从现实情况看,腐败存量尚未清除,增量还在持续发生。而从思想认识看,有的对形势还有一些错误的判断和认知。只有坚决澄清各种错误认识,廓清思想迷雾,才能进一步凝聚共识、增强行动自觉。

要看到,腐败和权力往往相伴而生,这决定了同腐败作斗争是一个长期的历史过程。只要滋生腐败的土壤和条件仍然存在,反腐败斗争就永远在路上。深入分析党的二十大以来查处的腐败分子,其中绝大多数人的违纪违法行为都是从党的十八大前延续到党的二十大后,这既是增量,也是存量。在新的反腐败技术、手段、方法等面前，腐败分子越来越无所遁形。腐败损害公平正义、破坏营商环境、扰乱经济秩序。只有坚决割除这个毒瘤，才能使广大干部干净干事、大胆干事，使各类经营主体安心创业。

习近平总书记强调："认识反腐败斗争，一定要有历史眼光、战略高度，着眼于实现党的使命任务。"何为历史眼光？关键是要善于从历史中汲取教训，从我们党百年奋斗中把握价值旨归，认识到我们党要始终坚守初心使命，必须清除腐败这个最大威胁。从战略高度看，当前处在中国式现代化建设的关键时期，国内外环境都在发生极为广泛而深刻的变化，只有坚定不移反腐败，永葆党的肌体健康、先进纯洁，才能走稳走好中国特色社会主义道路，在百年未有之大变局中始终立于不败之地。对于党员干部而言，面对各种诱惑、围猎，要多想一想我们党为之奋斗的革命理想，想一想无数抛头颅、洒热血的革命先辈，想一想党和人民在自己心中的分量，想一想贪污腐败的后果和危害，想一想世界马克思主义政党的不同命运。从思想上正本清源、激浊扬清，才能真正稳得住、守得住，始终保持共产党人政治本色。

对反腐败斗争形势要异常清醒、态度要异常坚决，决不能松懈，决不能手软。必须保持战略定力和高压态势，一步不停歇、半步不退让，一体推进不敢腐、不能腐、不想腐，标本兼治、系统施治。在这个事关民心向背、前途命运的重大问题上，我们要深刻把握新时代反腐败斗争取得的历史性成就，坚定打好反腐败斗争攻坚战、持久战、总体战的坚强决心和必胜信心。

《人民日报》2025年1月8日第1版

一步不停歇　半步不退让

人民日报评论员

"反腐败斗争必须坚定不移，任何犹豫动摇、松懈手软或半途而废，都将犯颠覆性错误。"在二十届中央纪委四次全会上，习近平总书记对坚决打好反腐败斗争攻坚战、持久战、总体战提出明确要求，强调"要始终保持反腐败永远在路上的坚韧执着，保持战略定力和高压态势，一步不停歇、半步不退让"。

新时代以来，以习近平同志为核心的党中央推进全面从严治党和反腐败斗争力度之大前所未有，成效有目共睹，但远未到大功告成的时候，反腐败斗争形势仍然严峻复杂，铲除腐败滋生土壤和条件任务仍然艰巨繁重。从近年来查办的案件看，腐败存量尚未清除，增量还在持续发生。在强力高压下仍然有人胆大妄为，这说明一体推进不敢腐、不能腐、不想腐仍需进一步加大力度。只有以彻底的自我革命精神把反腐败斗争进行到底，坚持标本兼治、系统施治，才能从根本上巩固来之不易的胜利成果，形成强有力的震慑，不断铲除腐败滋生土壤和条件。

一步不停歇、半步不退让，要求既有坚决态度，又有切实行动，找准反腐败斗争的着力点和突破口，在遏制增量、清除存量上见真章、求实效。

"深入推进风腐同查同治"，习近平总书记提出的这一明确要求，着眼的是现阶段党风廉政建设和反腐败斗争存在的突出问题，具有很强的现实针对性和指导性。

不正之风和腐败问题互为表里、同根同源。由风及腐、风腐交织是一些违纪违法案件的共同点。从电视专题片《反腐为了人民》披露的情况看，一些腐败分子正是从吃喝玩乐开始，和不法商人勾肩搭背，最后发展成为权钱交易、利益共同体。不正之风是滋生腐败的温床，腐败往往是"四风"从量变转为质变的结果。只有堵住每一个作风问题的"管涌"，才能筑牢拒腐防变的堤坝。

近年来，锲而不舍贯彻落实中央八项规定精神，一以贯之正风肃纪，成效是看得见的。面向未来，必须把中央八项规定作为铁规矩、硬杠杠，严肃查处顶风违纪、隐形变异的"四风"问题，深化受贿行贿一起查，坚决清除系统性腐败风险隐患，丰富防治新型腐败和隐性腐败有效办法。坚持正风肃纪反腐相贯通，以"同查"严惩风腐交织问题，以"同治"铲除风腐共性根源，定能斩断由风及腐链条，不断提升作风建设和反腐败斗争的治理效能。

再看"整治群众身边不正之风和腐败问题"，这是持续推动全面从严治党向基层延伸的内在要求。

发生在群众身边的不正之风和腐败问题，损害群众的切身利益，群众反映最强烈。从强力整治"校园餐"管理问题，依法查处贪占学生餐费、插手招标采购、收受回扣等问题，到紧盯农村集体"三资"领域腐败问题，严肃惩治一批"蝇贪蚁腐"，再到深入整顿医药领域乱象，严查靠医吃医、套取医保资金等腐败问题……正是因为坚持人民群众反对什么、痛恨什么，就坚决防范和纠正什么，推动全面从严治党向群众身边延伸，有力维护了群众利益。

我们党强力反腐，纠"四风"树新风，赢得了党心民心。"老虎"露头就得打，"苍蝇"乱飞也要拍，大贪巨腐一个不放过，对"蝇贪蚁腐"同样"零容忍"。认真贯彻落实以习近平同志为核心的党中央部署要求，各级党委特别是市县党委要把整治群众身边不正之风和腐败问题作为重要任务常态化地抓，让老百姓可感可及，把纪检监察同对基层巡察结合起来、同各方面监督统筹起来，让人民群众切实感受到正风肃纪反腐就在身边、公平正义就在身边，推动改革发展成果更好更公平惠及广大人民群众。

腐败一日不根除，反腐败斗争就一刻不能停。这场输不起也决不能输的重大政治斗争，容不得半点犹豫动摇、松懈手软。拿出自我革命的决心气魄，驰而不息抓好反腐败斗争，确保党不变质、不变色、不变味，定能在新征程上继续赢得历史主动、始终立于不败之地。

《人民日报》2025年1月9日第1版

风腐同查同治　深化标本兼治

赵　成

风腐问题同根同源，必然要求同查同治。2025年1月6日，习近平总书记在二十届中央纪委四次全会上发表重要讲话指出："要深入推进风腐同查同治""坚持正风肃纪反腐相贯通，以'同查'严惩风腐交织问题，以'同治'铲除风腐共性根源"。

不正之风和腐败问题同根同源，都是党员干部背离初心使命、理想信念动摇、漠视群众利益的外化表现，是侵蚀党的健康肌体的病毒。当前反腐败斗争形势依然严峻复杂，坚决打好反腐败斗争攻坚战、持久战、总体战，必须不断深化对反腐败斗争的规律性认识，树立整体思维、强化系统观念，以同查同治的理念和要求一严到底纠治"四风"，一刻不停惩治腐败，推动正风反腐一体深化。

同查同治，要深挖彻查，在纠治"四风"中由风查腐，深挖不正之风背后的请托办事、利益输送等腐败问题。在电视专题片《反腐为了人民》中，一名落马官员的反思发人深省："对小事小节不太注意，最后小事就变成大事。"现实中，不少被查处的干部并非一开始就大搞贪腐，而是先从一包烟、一饼茶、一瓶酒、一顿饭等看似小事小节的作风问题上打开了缺口，由心惊胆战"首次破例"，到装腔作势"下不为例"，再到肆无忌惮"形成惯例"，最终被查处成为"典型案例"。坚持抓早抓小、防微杜渐，以钉钉子精神贯彻落实中央八项规定精神，就是要以风气的持续净化不断挤压腐败滋生的空间，斩断由风及腐的链条。

同查同治，要举一反三，以案看风、由腐纠风，严肃整治腐败背后的享乐奢靡等作风问题。政务服务窗口，一头连着党和政府，一头连着人民群众，是透视党员干部作风的一面镜子。山西运城市以查处车辆管理所里的腐败问题为契机，深入整顿车辆管理领域吃拿卡要、雁过拔毛等歪风邪气，换来百姓的舒心和笑容。对风腐问题统筹来抓、一体纠治，以典型案例透视本地区本领域不正之风的新动向，才能实现查处一案、警示一片、治理一域，不断筑牢拒腐防变的防线。

同查同治，重在标本兼治、系统施治。近年来，各级纪检监察机关在"查"上动真格，在"治"上见真章，以"查""治"贯通阻断风腐演变。甘肃纪检监察机关构建风腐同查同审同析同治工作机制，明确在线索处置、初步核实、审查调查工作中，同步深挖细查风腐勾连问题；黑龙江做实警示教育，在编辑制作省管干部忏悔录、典型案例警示教育读本过程中，注重选取由风及腐、风腐交织的典型案例……铲除腐败滋生的土壤和条件，尤需运用系统的观念、辩证的思维，坚持党性党风党纪一起抓、正风肃纪反腐相贯通，推动防范和治理腐败问题常态化长效化。

反腐败斗争事关民心向背、前途命运，必须一步不停歇、半步不退让。以风腐同查同治营造风清气正的政治生态和干事创业的良好氛围，定能以全面从严治党新成效为推进中国式现代化提供坚强保障。

《人民日报》2025年1月21日第19版

反腐败一步不停歇、半步不退让

王子潇

电视专题片《反腐为了人民》中,四川省射洪市农业农村局农田建设股原股长马军在深刻忏悔时以农田稻麦"内里"清白作比,一句"我们挣这个钱,你再怎么剥,它都是黑的"发人深省。腐败侵蚀社会肌理、蠹食民心国本,更是危害党的生命力和战斗力的最大毒瘤。

全面从严治党永远在路上,反腐败是最彻底的自我革命。习近平总书记在二十届中央纪委四次全会上强调:"要始终保持反腐败永远在路上的坚韧执着,保持战略定力和高压态势,一步不停歇、半步不退让"。党的十八大以来,以习近平同志为核心的党中央把全面从严治党纳入"四个全面"战略布局,开展史无前例的反腐败斗争,反腐败斗争取得压倒性胜利并全面巩固,成效有目共睹。但也要清醒看到，当前新型腐败、隐性腐败花样翻新，腐败存量尚未清除，增量还在持续发生，反腐败斗争形势仍然严峻复杂，务必坚持"一步不停歇、半步不退让"。

"一步不停歇、半步不退让"源自我们党对初心使命的笃行坚守。我们党自成立之日起，就把为中国人民谋幸福、为中华民族谋复兴作为自己的初心和使命，始终旗帜鲜明反对腐败，坚决与一切腐败现象、腐败分子作斗争，以党的自我革命引领伟大社会革命，赢得了"两个历史主动"。全面从严治党没有禁区、不存特区、更不设盲区，就是坚决防止党因腐败蔓延而变质褪色、因"四风"不治而正气不盈、因特权行为而失掉民心，党的初心使命让我们党在反腐败斗争中不能停，更不能退。

"一步不停歇、半步不退让"源自我们党对反腐败斗争规律性认识的清晰把握。冰冻三尺非一日之寒。纵观历史，腐败和权力往往相伴而生。只要拥有权力就有被腐蚀的风险。反腐败稍一松劲，腐败问题即会死灰复燃。我们党深刻认识这一规律，清晰认识到腐败的顽固性和危害性绝不能低估，对腐败的斗争绝不能有丝毫懈怠，必须将反腐败斗争进行到底。毛泽东同志指出："进京赶考""决不当李自成"。邓小平同志强调:"我们要反对腐败,搞廉洁政治。不是搞一天两天、一月两月,整个改革开放过程中都要反对腐败。"新时代以来,以习近平同志为核心的党中央坚定不移推进全面从严治党,取得历史性、开创性成就,产生全方位、深层次影响。同时,也有人认为反腐败斗争似乎可以"歇一歇""缓一缓",甚至可以"鸣金收兵";有人认为腐败现象根深蒂固,屡禁不止,似乎看不到彻底解决的希望。对于这些错误认识,要坚决予以澄清,廓清思想迷雾。要坚持以历史眼光,从治国理政的战略高度深刻理解全面从严治党的长期性、艰巨性、复杂性,进一步坚定反腐败斗争的决心和信心。

做到"一步不停歇、半步不退让",要在"三性"上重点着力。一是筑牢底线的"刚性"。要执行党纪国法,严格落实中央八项规定及其实施细则精神,对攫取国家和人民利益、侵蚀党的执政根基、动摇社会主义国家政权的人,对那些在党内搞政治团伙、小圈子、利益集团的人,毫不手软、坚决查处。二是保持斗争的"韧性"。坚持"咬定青山不放松"的实干韧劲,始终保有承压不折、遇难不避的意志和决心,坚持管党治党不放松、正风肃纪不停步、反腐惩恶不手软，敢于迎难而上，保持战略定力，以零容忍态度旗帜鲜明、雷厉风行向顽瘴痼疾开刀，坚决同一切损害党的先进性和纯洁性的因素作斗争、同一切损害人民群众利益的腐败现象作斗争。三是坚定反腐败斗争的长期性。要深刻认识全面从严治党和反腐败斗争的长期性，把全面从严治党作为党的长期战略、永恒课题，深入推进风腐同查同治，持续推动全面从严治党向基层延伸，切实将严的基调、严的措施、严的氛围长期坚持下去，坚决克服松劲歇脚、疲劳厌战的情绪，以钉钉子精神将反腐败工作常抓不懈、一抓到底。

遵道而行，但到半途须努力；会心不远，要登绝顶莫辞劳。全面从严治党步履不停、恒心不减，必将以澎湃的正能量汇聚起干事创业的磅礴力量。

《人民日报》2025年3月3日第9版

理论茶座

准确理解
新时代廉洁文化的深刻内涵

任建明

文化具有时代性,任何文化的产生和发展都是特定社会历史条件的产物。习近平总书记强调:"要加强新时代廉洁文化建设。深入开展党性党风党纪教育,传承党的光荣传统和优良作风,激发共产党员崇高理想追求,把以权谋私、贪污腐败看成是极大的耻辱。"党的十八大以来,习近平总书记围绕新时代廉洁文化建设作出一系列重要论述,深刻揭示了新时代廉洁文化的丰富内涵,为新时代廉洁文化建设提供了强大思想武器和科学行动指南。

新时代廉洁文化具有鲜明的时代特征

新时代的反腐败工作有着不同于以往任何时期的鲜明特征。一是把反腐败斗争提升到最彻底的自我革命新高度。"坚决把反腐斗争进行到底"的宣示是极富中国特色的话语，中国人都耳熟能详并充分理解其中深意。在革命战争年代，毛泽东同志号召全党全国人民"将革命进行到底"。习近平总书记在十八届中央纪委三次全会上发表重要讲话强调："以猛药去疴、重典治乱的决心，以刮骨疗毒、壮士断腕的勇气，坚决把党风廉政建设和反腐败斗争进行到底。"此后，习近平总书记进一步指出"坚决打赢反腐败斗争攻坚战持久战"，强调"要始终保持反腐败永远在路上的坚韧执着，保持战略定力和高压态势，一步不停歇、半步不退让，一体推进不敢腐、不能腐、不想腐，坚决打好这场攻坚战、持久战、总体战"。回顾我国古代历史上的反腐败工作，最大的教训就是因决心不彻底而致行动不彻底，要么忽热忽冷、忽紧忽松，要么半途而止甚至半途而废。

二是坚持治标和治本两手抓两手硬。习近平总书记强调："要持续保持惩治腐败高压态势。"各级纪检监察机关以查办案件为第一要务，不断查处腐败分子。在大力治标的同时，不断加大治本力度。习近平总书记强调："不断铲除腐败现象滋生蔓延的土壤"。在二十届中央纪委四次全会上，习近平总书记进一步强调："腐败存量尚未清除，增量还在持续发生，铲除腐败滋生土壤和条件任务仍然艰巨繁重。"聚焦铲除腐败滋生土壤和条件，本质上就是"治本"，就是探究和治理腐败发生的深层次原因。以习近平同志为核心的党中央高举全面深化改革旗帜，各级纪检监察机关在大力查办腐败案件的同时深化以案促改、以案促治，铲除了不少滋生腐败的土壤和条件。治标和治本两点兼顾是新时代形成的反腐新格局。

体现两大鲜明特征的一系列新政策、新举措保障新时代反腐败工作取得了多方面的进展和成效，同时形塑了新时代廉洁文化的鲜明时代特征。概括起来，就是传承性、融合性和创新性。2022年，中共中央办公厅印发了《关于加强新时代廉洁文化建设的意见》（以下简称《意见》）。《习近平文化思想学习纲要》提出"要加强党性教育和道德建设，加强新时代廉洁文化建设"。新时代廉洁文化重视对古今中外廉政、廉洁文化的传承，融合了革命文化、社会主义先进文化、中华优秀传统文化，同时在对廉洁文化本质的认识上实现了飞跃，在建设理念和思路上有了许多新创造。

新时代廉洁文化具有丰富的思想内涵

新时代廉洁文化主要有三个方面的思想内涵。

新时代廉洁文化是覆盖全社会的文化。党的十八大前，反腐倡廉教育和文化建设的主题是廉政文化。廉政的"政"，特指政治、政府，聚焦的是党政机关及其工作人员。党政机关及其工作人员是国家和社会的重要组成部分，但人口占比并不高，实属"小众"。文化虽然有广义和狭义之分，但从受众角度看，必须是全员的，即应当实现对所有社会成员的全覆盖，14亿多人，一个都不能少。新时代廉洁文化建设以"廉洁"替代"廉政"，影响范围从党政机关扩展到各行各业，覆盖老年人、中年人和青少年等不同年龄段人口，是真正的大众的文化。这反映了以习近平同志为核心的党中央在对文化本质认识方面的跃升。

新时代廉洁文化是融合三种文化达成"三位一体"的文化。

《意见》明确了新时代廉洁文化的内容特点,"用革命文化淬炼公而忘私、甘于奉献的高尚品格""用社会主义先进文化培育为政清廉、秉公用权的文化土壤""用中华优秀传统文化涵养克己奉公、清廉自守的精神境界"。廉洁文化虽有其独特内容,但革命文化、社会主义先进文化、中华优秀传统文化无疑是其最富养分的土壤。这意味着,以新时代廉洁文化建设为纽带,实现了对这三种文化的融合。反过来,也只有根植于这三种文化,新时代廉洁文化建设才能根深叶茂。

新时代廉洁文化是以廉为荣、以贪为耻的文化。一体推进不敢腐、不能腐、不想腐,"不想"是根本,要靠加强理想信念教育,靠提高党性觉悟,靠涵养廉洁文化,夯实不忘初心、牢记使命的思想根基。新时代廉洁文化建设的最终目标是实现"不想腐",实现最终目标的核心手段是大力开展新时代廉洁文化建设。之所以能由手段至目标,关键机制正是新时代廉洁文化的核心意涵,即凸显以贪为耻。廉洁文化是大众关于腐败和廉洁的普遍认知、态度、看法或价值观。要能成为廉洁文化,认知应当是正确的,价值观应当是积极健康的。例如,做到对腐败零容忍,以廉为荣、以贪为耻等。任何人,只有在思想深处筑牢了这个根本,真正认为腐败是可耻的,才能把廉洁作为本分,才能真正不想腐。能否以贪为耻,主要取决于对腐败后果和危害的正确认知。腐败后果具有很强的抽象性和迷惑性,仅仅基于常识或感性认识,很难把握其全貌和实质。腐败的危害广泛而深重,体现在政治、经济、社会、制度等多个方面。从道德方面看,腐败是背弃诚信承诺、损公肥私、损人利己的行为,因此是不道德的、可耻的。一些领导干部之所以变成"两面派""两面人",从根本上说,他们丝毫不认为以权谋私、贪污腐败是可耻的,甚至认为他们手中的权力就是自己的。推进新时代廉洁文化建设,只有让广大党员领导干部和普通群众认为贪污腐败是可耻的,廉洁的价值观大厦才能筑牢根基,不想腐才能最终实现。

新时代廉洁文化有着丰富的历史积淀

新时代廉洁文化历史积淀深厚。老一辈革命家的理想与初心,世界观、人生观、价值观,以及他们身体力行的廉洁行为,是新时代廉洁文化取之不尽、用之不竭的宝贵财富。

一方面,他们从维护革命事业、赢得民心的高度认识贪污腐败的巨大危害,以贪腐为耻进而对腐败现象疾恶如仇的态度值得后人学习。中央苏区时期,针对谢步升贪污腐化、私自贩运物资到白区出售等严重问题,毛泽东同志曾义正词严地说:"腐败不清除,苏维埃旗帜就打不下去,共产党就会失去威望和民心!"习仲勋同志在《难忘的教诲——纪念刘志丹同志九十诞辰》一文中回忆:"我们的政权建立后,把廉洁当做头等大事,志丹同志说:'群众最痛恨反动政权的不廉洁,无官不贪。我们一开始就要注意这个问题,穷要有骨气,要讲贞操,受冻受饿也不能取不义之财。'我们定了法,贪污十块大洋就要枪毙。"老一辈革命家这种对贪污腐败行为的极端痛恨,折射出的正是对人民极端的爱,对革命事业极端的负责。

另一方面,他们知行合一、身体力行、率先垂范的作风堪为后人榜样。作为党的高级干部,首先要从自己做起,从自己的家属做起，只有家风正，才能政风清。无论是战争年代还是建设时期，毛泽东同志始终保持着艰苦朴素的作风，要求子女异常严格，不仅不能搞特殊，还要甘于奉献。长子毛岸英参加抗美援朝战争就是最有力的例证。习仲勋同志一生简朴，他深爱自己的家人，十分关心身边的工作人员，同时又要求十分严格，从不封官许愿，更不允许利用他的名义和工作的特殊性谋取利益。在他的身体力行下，形成了良好的家风。

根植于百年党史，新时代廉洁文化形成三大突出特点。一是高度重视历史传承，坚持发扬我们党在反腐倡廉建设长期实践中积累的成功经验，弘扬党的光荣传统和优良作风。二是靠加强理想信念教育，靠提高党性觉悟，夯实不忘初心、牢记使命的思想根基。党的十九大后，以县处级以上领导干部为重点，全党专门开展了"不忘初心、牢记使命"主题教育，用党的创新理论武装了党员领导干部的头脑。三是突出家风建设。习近平总书记指出："从近年来查处的腐败案件看，家风败坏往往是领导干部走向严重违纪违法的重要原因。"习近平总书记进一步强调："党员、干部特别是领导干部要清白做人、勤俭齐家、干净做事、廉洁从政，管好自己和家人，涵养新时代共产党人的良好家风。"为推动全社会注重家庭家教家风建设，经党中央批准，有关机构专门组织了全国文明家庭评选表彰活动。第一届全国文明家庭表彰大会于 2016 年 12 月举行，习近平总书记会见全国文明家庭代表并作重要讲话，指出"家风好，就能家道兴盛、和顺美满；家风差，难免殃及子孙、贻害社会"，强调"广大家庭都要弘扬优良家风，以千千万万家庭的好家风支撑起全社会的好风气"。

新时代廉洁文化植根于百年党史传统与经验，形成了鲜明的时代风格，具有丰富的思想内涵。只要不断推进新时代廉洁文化建设，就能实现不想腐，进而为不断巩固发展反腐败斗争压倒性胜利成果奠定坚实基础。

《人民日报》2025年1月17日第9版

深刻领会
构建清廉社会生态这一重要目标

李斌雄

习近平总书记在党的二十大报告中指出:"加强新时代廉洁文化建设,教育引导广大党员、干部增强不想腐的自觉"。党的二十届三中全会《决定》对"深入推进党风廉政建设和反腐败斗争"作出重要部署并提出"加强新时代廉洁文化建设"。二十届中央纪委四次全会公报提出要"制定新时代廉洁文化建设三年行动计划(2025—2027年),讲好中国反腐败故事"。加强新时代廉洁文化建设是新时代新征程坚决打好反腐败斗争攻坚战、持久战、总体战的一项重要工作。深入贯彻落实党中央关于加强新时代廉洁文化建设的部署要求,需要深刻领会构建清廉社会生态这一重要目标。

构建清廉社会生态这一重要目标的定位和特征

新时代廉洁文化建设的目标,是加强新时代廉洁文化建设所期望实现的结果,规定了新时代廉洁文化建设的内容体系及发展方向。十九届中央纪律检查委员会向中国共产党第二十次全国代表大会的工作报告提出:"加强党性教育、政德教育、警示教育和家风教育,推进新时代廉洁文化建设,构建清廉社会生态。"二十届中央纪律检查委员会常务委员会向第二次全体会议作的工作报告指出:"加强新时代廉洁文化建设,树立良好家教家风,营造和弘扬崇尚廉洁、抵制腐败的良好风尚,构建清廉社会生态。"这不仅从加强党性、政德、警示、家风教育等方面明确了新时代廉洁文化建设的内容,并将营造和弘扬崇尚廉洁、抵制腐败的良好风尚纳入廉洁建设范畴,也提出了构建清廉社会生态这个重要目标。

体现腐败治理原理,具有明显科学性。习近平总书记指出:"要在不想腐上巩固提升,更加注重正本清源、固本培元,加强新时代廉洁文化建设,涵养求真务实、团结奋斗的时代新风。"腐败行为的发生和蔓延,是多种因素综合作用的结果。当前,一体推进不敢腐、不能腐、不想腐正在向实现"不想腐"寻找有效路径和突破口,着力铲除腐败滋生的土壤和条件。这就必须构建清廉社会生态,培育浓厚的廉洁文化氛围。在清廉社会生态下,不敢腐、不能腐的震慑约束效应和不想腐的思想自觉形成整体合力,促使新时代廉洁文化不断生成巩固。

体现党的使命任务,具有深厚历史性。习近平总书记指出:"认识反腐败斗争,一定要有历史眼光、战略高度,着眼于实现党的使命任务。"反对腐败、建设廉洁政治，是我们党一贯坚持的鲜明政治立场。纵观党的百余年奋斗历史，建设廉洁政治始终是党领导中国革命、建设、改革实践中的重要目标任务。党的十八大以来，我们党在强调"建设廉洁政治"、提出"干部清正、政府清廉、政治清明"要求的基础上，进一步提出"干部清正、政府清廉、政治清明、社会清朗"，使建设廉洁政治的外延得到扩展。加强新时代廉洁文化建设，构建清廉社会生态，才能实现干部清正、政府清廉、政治清明、社会清朗。

顺应中国式现代化发展要求，具有很强现实性。从人类政治文明发展看，民主、法治、廉洁的政治生态是人类不断解放自身、追求自由的产物。当前，以中国式现代化全面推进强国建设、民族复兴伟业，构建清廉社会生态必然成为一个重要目标。新时代以来，全国已经形成了加强新时代廉洁文化建设、建设清廉中国的浓厚氛围。例如，中共浙江省委 2018 年作出关于推进清廉浙江建设的决定，提出要努力打造干部清正、政府清廉、政治清明、社会清朗的清廉浙江。其他一些地方、部门和单位的党组织也都提出和实施了建设清廉地方、部门和单位的目标任务。

构建清廉社会生态的科学依据与路径选择

构建清廉社会生态既有科学的理论依据，也有深刻的历史和现实依据。

从理论依据看。习近平总书记关于新时代廉洁文化建设的重要论述，为确立新时代廉洁文化建设的目标提供了科学指引。党的十八大以来，习近平总书记在系统总结党风廉政建设和反腐败斗争实践经验的基础上，围绕新时代廉洁文化建设发表了一系列重要论述，进一步深化了我们党对新时代廉洁文化建设的规律性认识。习近平总书记关于政治文化、政治生活和政治生态相互关系的理论认识，揭示出新时代廉洁文化建设目标定位所依据的基本原理，明确了清正廉洁的价值观和政治文化对于塑造政治生态和社会生态的重要作用，也表明了加强新时代共产党人价值观和政治文化建设的根本目的就是要为构建良好政治生态和清廉社会生态提供良好的文化土壤和条件。

从历史依据看。构建清廉社会生态，既源于对党开展廉洁文化建设历史实践的经验总结，也是新时代以来廉洁文化建设成效的实践验证。2009年，中央纪委等六部门联合下发的《关于加强廉政文化建设的意见》指出，在全党全社会形成有利于反腐倡廉建设的思想观念和文化氛围。2022年，中共中央办公厅印发的《关于加强新时代廉洁文化建设的意见》强调："以理想信念强基固本，以先进文化启智润心，以高尚道德砥砺品格，惩治震慑、制度约束、提高觉悟一体发力，推动廉洁文化建设实起来、强起来，不断实现干部清正、政府清廉、政治清明、社会清朗。"实现干部清正、政府清廉、政治清明、社会清朗，就成为构建清廉社会生态的主要内容。

从现实依据看。构建清廉社会生态是在铲除腐败问题产生的土壤和条件上持续发力、纵深推进的必然选择。习近平总书记在二十届中央纪委四次全会上强调："当前反腐败斗争形势仍然严峻复杂。腐败存量尚未清除，增量还在持续发生，铲除腐败滋生土壤和条件任务仍然艰巨繁重。"新征程上开展的反腐败斗争，必须坚持一体推进不敢腐、不能腐、不想腐，在铲除腐败问题产生的土壤和条件上持续发力、纵深推进。文化是影响人们的社会行为和社会制度最深层次的精神力量，以构建清廉社会生态为目标加强新时代廉洁文化建设，就是要深化标本兼治、系统施治，从社会文化源头上科学有效预防腐败，以优良党风促政风带民风，大力弘扬新风正气，营造崇廉拒腐的良好社会风尚。

构建清廉社会生态这一重要目标，是由新时代廉洁文化建设的各个具体目标所构成的整体。整体目标规定了各个具体目标的定位，各个具体目标共同实现整体目标。新时代廉洁文化建设的各个具体目标，是其整体目标在不同方面、不同层次和不同阶段上的展开。按照目标的时间长短，可以划分为近期目标、中期目标和远期目标；按照目标的重要程度，可以划分为主要目标和次要目标；按照目标涉及的对象，可以划分为组织目标、社会目标和个体目标；按照目标涉及的地域，可以划分为建设清廉中国和不同地方提出的清廉目标；等等。实现构建清廉社会生态这一重要目标，必须选择有效路径，否则就会落空。应当遵循目标导向原则、契合文化对象客观实际原则、廉洁文化建设内容制约原则和实效性原则等。

《人民日报》2025年1月17日第9版

全面把握
新时代廉洁文化建设的总体要求

过 勇

习近平总书记指出:"要加强新时代廉洁文化建设。深入开展党性党风党纪教育,传承党的光荣传统和优良作风,激发共产党员崇高理想追求,把以权谋私、贪污腐败看成是极大的耻辱。"这为新时代廉洁文化建设指明了前进方向。新时代廉洁文化建设既是管党治党的重要内容,也是实现干部清正、政府清廉、政治清明、社会清朗的必然要求,对于推进党的自我革命和社会革命具有重要意义。

始终坚持以习近平新时代中国特色社会主义思想为指导。廉洁文化是新时代加强党的建设、推进全面从严治党的重要支撑。建设新时代廉洁文化,必须始终坚持以习近平新时代中国特色社会主义思想为指导,将这一重要思想的世界观和方法论贯穿始终,运用科学的立场观点方法开展相关工作。要紧紧围绕习近平文化思想的核心内容和精髓要义推进廉洁文化建设。习近平文化思想是我们党坚持"两个结合"、推进理论创新的重大成果，是新时代中国特色社会主义文化建设的根本遵循，对廉洁文化建设具有重要指导作用。廉洁文化作为文化的重要内容，体现中国特色社会主义文化建设的目标与方向。要在新时代廉洁文化建设中全面贯彻习近平总书记关于党的自我革命的重要思想。党的十八大以来，党中央坚定不移推进全面从严治党，开辟了百年大党自我革命新境界，形成习近平总书记关于党的自我革命的重要思想。我们党基于党的历史经验和管党治党的成功探索，找到了依靠自我革命实现长期执政的路径。从实践层面来看，反腐败是最彻底的自我革命，而新时代廉洁文化建设是一体推进不敢腐、不能腐、不想腐的关键环节，对于打好反腐败斗争攻坚战、持久战、总体战至关重要。

牢牢把握新时代廉洁文化的精髓要义。要以廉洁文化保持风清气正的政治生态。如何始终保持风清气正的政治生态，是我们这个大党必须解决的独有难题之一。习近平总书记强调："要注重加强党内政治文化建设，倡导和弘扬忠诚老实、光明坦荡、公道正派、实事求是、艰苦奋斗、清正廉洁等价值观"。党的十八大以来的全面从严治党实践表明，制度治党与思想建党需要双管齐下，反腐败不仅要约束行为，更要培育健康向上的党内政治文化、营造风清气正的政治生态。要以廉洁文化强化党员干部廉洁自律意识。新时代廉洁文化建设旨在进一步教育引导党员干部从思想上正本清源、固本培元，不断筑牢思想道德防线，始终保持共产党人的政治本色。通过廉洁文化建设，使党员干部在思想层面防微杜渐，筑牢"不想腐"

的堤坝，进一步强化党员干部的廉洁自律意识。从功能上看，廉洁文化可以促进党员干部以内在自觉约束外在行为，促进廉洁自律和奉公守法。要以廉洁文化营造崇廉拒腐的社会风尚。廉洁文化建设不仅关系到干部清正、政府清廉、政治清明，还关系到社会清朗。推进廉洁文化社会化建设是新时代加强廉洁文化建设的应有之义，也是塑造全社会廉洁价值观的必然选择。通过对廉洁文化的宣传普及，促进人民群众在内心深处形成一种高尚的社会意识，从而使人们能够更加坚决地崇廉拒腐，这也是新时代廉洁文化建设所必需的社会土壤。我们要充分发挥廉洁文化建设示范作用，引导社会公众崇廉尚廉。

科学构建新时代廉洁文化的内容体系。要将党的光荣传统和优良作风作为新时代廉洁文化的基因。我们党自诞生之日起就十分重视自身的纯洁性建设，形成了具有马克思主义政党特征的光荣传统和优良作风，积累了丰富的革命文化资源。伟大建党精神、井冈山精神、长征精神、延安精神等，都是新时代廉洁文化建设的丰富源泉。新时代加强廉洁文化建设，应充分学习借鉴革命文化中的宝贵历史经验，从党的百年奋斗历程中汲取力量，学习革命先辈公而忘私、甘于奉献的优良作风，把廉政为民的火种、清廉守纪的基因一代代传下去。要将社会主义先进文化作为廉洁文化的养分。加强实践养成、示范引领，推动党员干部带头践行社会主义核心价值观，培育和形成廉荣贪耻、向上向善的社会氛围，这是加强新时代廉洁文化建设的重要目标。从内在本质看，倡导廉洁是坚持马克思主义的本质要求，是实现中国式现代化的重要保障；从外在表现看，倡导廉洁是民族精神和时代精神的鲜明表达,是践行社会主义核心价值观的具体体现。廉洁文化作为先进的文化形态,需要反映当代社会主义先进文化的价值取向,提高党员干部廉洁从政的意识,形成人人思廉、全民崇廉的良好社会风尚。要将中华优秀传统文化作为新时代廉洁文化的源泉。新时代廉洁文化建设既是一个传承、吸收和借鉴的过程,又是一个改造、更新和超越的过程,需要以继承和弘扬中华优秀传统文化为依托,充分挖掘其中的精华要素。中国历代思想家、政治家提出了许多有关廉洁的思想,历史上的廉洁智慧在新时代依然具有借鉴意义。在加强廉洁文化建设过程中,需要充分借鉴和吸收中华优秀传统文化的积极因素。

全方位增强新时代廉洁文化传播力吸引力感染力。要协同发挥传统媒体和新媒体的综合作用。充分发挥传统媒体的重要作用,同时创新运用新媒体平台的宣传优势,充分运用媒体融合发展成果,增强传播力吸引力感染力。随着互联网的普及与发展,新媒体凭借覆盖面广、传播快等优势,在廉洁文化传播方面发挥着越来越重要的作用。各级纪检监察机关和宣传部门高度重视网络信息平台建设,通过部门网站、官方微博、官方微信公众号等宣传廉洁文化,提高了廉洁文化传播力吸引力感染力。要持续创新开发廉洁文化资源。近年来,各地相继开展了廉政文化示范点、廉政文化基地的培育和建设工作。在全国范围内,依托红色资源、自然资源,建设了大批具有示范性的廉洁文化教育基地。打造廉洁文化公共空间,充分利用建筑、道路、会议室、墙面等空间,打造廉洁文化景观标识。同时,各地为拓展廉洁文化建设,结合本地实际情况举办丰富多彩的活动，比如开展廉洁书法作品大赛、廉洁微电影微视频大赛等，推动廉洁文化元素融入生活，让群众在润物无声中接受廉洁教育。要构建分层分类、更具精准性的廉洁文化建设机制。针对不同领域、不同行业采取具有针对性的党性党风党纪教育、示范教育、警示教育、岗位廉政教育，深入开展廉洁文化创建活动。统筹推进廉洁文化进机关、进企业、进学校、进家庭、进医院、进社区、进农村等，推动廉洁教育广泛辐射渗透，筑牢廉洁文化建设的社会基础。塑造具有地方特色的廉洁文化，在廉洁文化理念的传播和廉洁实践活动的开展中，各地充分发挥自主性，结合地区历史文化资源、现实发展情况，打造特色廉洁文化。

《人民日报》2025年1月17日第9版

谈谈我国历史上的廉洁文化

卜宪群

"要加强新时代廉洁文化建设",是2024年1月8日习近平总书记在二十届中央纪委三次全会上提出的明确要求。

2013年4月19日,十八届中央政治局就我国历史上的反腐倡廉进行第五次集体学习,习近平总书记在主持学习时强调,"研究我国反腐倡廉历史,了解我国古代廉政文化,考察我国历史上反腐倡廉的成败得失,可以给人以深刻启迪,有利于我们运用历史智慧推进反腐倡廉建设"。2022年2月,中共中央办公厅印发的《关于加强新时代廉洁文化建设的意见》指出,"用中华优秀传统文化涵养克己奉公、清廉自守的精神境界"。

廉的内涵是什么?《说文解字》曰:"廉,仄也。"从字面上看,廉本义为"堂之边",引申为"清也,俭也,严利也"。廉洁历来被视作为政的基石,廉正清白是对官声的褒奖。我们的祖先在数千年的政治文明发展史中,积累了丰厚的廉洁文化遗产,崇德尚廉、廉为政本、持廉守正等传统廉洁文化精华，值得我们深入思考与借鉴。

一

作为中华优秀传统文化的重要组成部分，廉洁文化是在中国社会与中华文明不断发展的基础上产生的。

相传尧舜时期，"贪""贿""侈"等现象已经出现，为政腐败的情况也已有之。史称缙云氏有个不成才的儿子，"贪于饮食，冒于货贿，侵欲崇侈，不可盈厌，聚敛积实，不知纪极，不分孤寡，不恤穷匮"，老百姓把他与氏族内部的"浑敦"（"掩义隐贼，好行凶德"）、"穷奇"（"毁信废忠，崇饰恶言"）、"梼杌"（"不可教训，不知话言"）等"三凶"相比，冠之以"饕餮"之名，并称"四凶"。缙云氏是"炎帝之苗裔"，其子也应该不是普通的氏族成员。当时，辅佐尧的舜果断流放了这"四凶"。这个故事说明早在氏族社会晚期，就已经有了反贪腐的廉洁文化萌芽。

当历史进入夏商周时期，以贪婪无度、荒淫无耻、纵欲暴虐为主要表现的各种腐败现象屡有出现。面对这些腐败现象，重视廉洁与德政的呼声绵延不绝。中国自西周起逐渐摆脱了神本政治的束缚，重视人民在国家稳定中的作用，强调在国家治理中应当贯彻民本的理念，已经有了"政德"建设的宝贵思想。以周公为代表的周初思想家在对殷亡周兴等问题的追问和思考中得出了"皇天无亲，惟德是辅；民心无常，惟惠之怀"的结论，认为只有"敬德保民"，才能保持政权。这些具有变革性意义的思想观念，对我国历史上廉洁文化发展产生了广泛而深远的影响。

永葆清正廉洁的政治本色

春秋战国时期,"周文疲敝""礼崩乐坏"。"《春秋》之中,弑君三十六,亡国五十二,诸侯奔走不得保其社稷者不可胜数。"昏庸残暴、贪污受贿、颠倒黑白、权钱交易等腐败现象自上而下,不断出现。在兴亡变幻如走马灯般的形势下,如何保障政权的稳固性,是各国面临的重大现实问题。宋国国君宋闵公在灾害发生、人民遭受苦难时,首先检讨了自己的不足。对此,鲁国大夫臧文仲指出:"宋其兴乎!禹、汤罪己,其兴也悖(勃)焉;桀、纣罪人,其亡也忽焉。"认为从自己身上寻找不足,是夏禹、商汤勃然兴盛的重要原因;把罪过推给别人,是夏桀、商纣快速灭亡的根源之一。臧文仲提出了如何从自我完善出发破解"其兴也悖(勃)焉""其亡也忽焉"的千古命题。春秋早期政治家管子把"礼义廉耻"视为"国有四维","廉"是其中之一,认为"一维绝则倾,二维绝则危,三维绝则覆,四维绝则灭"。这些都是对廉洁与否与王朝兴亡周期率关系的深入思考。

《周礼·天官冢宰·小宰》提出了考核官吏的六项标准:"以听官府之六计,弊群吏之治。一曰廉善,二曰廉能,三曰廉敬,四曰廉正,五曰廉法,六曰廉辨",这就是著名的"六廉"说。"六廉"说将"廉"作为为官者的基本要求放在首位。对此,东汉经学家郑玄说:"既断以六事,又以廉为本。""六廉"说,把"廉"运用于政治考核领域,"廉""能"并重,得出了较为全面的评价官吏标准,成为中国传统社会官吏考核的基本思想与准则。

秦汉时期,在一个前所未有的大一统辽阔疆域内,如何保障中央政令贯彻执行,使庞大的官吏队伍高效廉洁,是主政者必须严肃思考的问题。1975年湖北省云梦县睡虎地发现的秦墓中,出土了大量竹简，其中有一篇名为《为吏之道》的文书，教育为官者"必精絜（洁）正直，慎谨坚固，审悉毋（无）私"，指出应当具备"五善"："一曰中（忠）信敬上，二曰精（清）廉毋谤，三曰举事审当，四曰喜为善行，五曰龚（恭）敬多让。"这其中的"洁""正""慎""敬""让""无私""忠信""清廉""善行"等，都是廉洁文化的重要内容。无独有偶，岳麓书院藏秦简中的《为吏治官及黔首》和北京大学藏秦简中的《从政之经》中，也有"恭敬多让""兴徭勿擅""安静毋苛""除害兴利""安乐必戒"等与廉洁文化有关的内容。西汉被誉为"群儒之首"的董仲舒推崇"礼义廉让之行"，东汉思想家王符认为"清廉洁白"乃是"化之本也"的重要内容。继承先秦以来的传统，廉洁文化在国家、社会、家庭、个人各个层面受到全面重视。

及至隋唐时期，门阀士族势力逐渐衰弱，官吏队伍成分更新；最高统治集团的政治经验更为丰富，国家政权自我控制约束、自我调整适应的能力不断增强。正是在这样的背景下，以唐初最高统治集团为代表，吸纳了先朝政权盛衰兴亡的历史经验教训，探讨了如何实现王朝长治久安的规律性。廉洁是他们高度关注的内容之一。唐太宗教育臣下要珍惜生命，犹如不能用贵重的明珠"弹雀"一样，不能用珍贵的生命"博财物"。他说："且为主贪，必丧其国；为臣贪，必亡其身。"陆贽是唐德宗时期的宰相，他秉性贞刚，严于律己，跟下属和同僚交往的时候，坚决拒绝他们的馈赠。唐德宗专门给陆贽带话，告诉他清廉太过、拒绝他人馈赠的话，恐怕事情就办不成了。面对唐德宗的劝说，陆贽断然拒绝，在一份奏章里写道："贿道一开，展转滋

101

永葆清正廉洁的政治本色

甚。"意思是说，一旦开了受贿这个口子，必定胃口越来越大。隋唐时期，盛世的出现、皇权的加强、政局的稳定、官德的改进、效能的提高，均与当时廉洁文化盛行关系密切；反之，乱世的发生、政局的混乱、吏治的败坏，也都与廉洁文化不彰有关系。

宋元明清时期，封建专制制度进一步强化，民族矛盾、阶级矛盾错综复杂，但廉洁文化依然是封建统治者倡导和褒扬的文化，这从许多官员的自我约束中就可看出。宋代吕本中著有《官箴》，其中说："当官之法，唯有三事：曰清，曰慎，曰勤。"名臣包拯曾言："后世子孙仕宦，有犯赃者，不得放归本家，死不得葬大茔中。"元代张养浩在《庙堂忠告》中说："廉以律身，忠以事上，正以处事，恭慎以率百僚。"明代流传的官箴中有"吏不畏吾严，而畏吾廉""公生明，廉生威"等内容。名臣于谦"日夜分国忧，不问家产"，"所居仅蔽风雨"。清官海瑞历任高官，家中却"萧然不啻如寒生"。清代于成龙为官时曾定下《示亲民官自省六戒》，提出勤抚恤、慎刑法、绝贿赂、杜私派、严征收、崇节俭六条戒律。他在"绝贿赂"部分写道："夫受人钱而不与干事，则鬼神呵责，必为犬马报人；受人财而替人枉法，则法律森严，定当妻孥连累。清夜省此，不禁汗流。是不可不戒。"历史文献、文化经典、文物古迹中的廉洁思想，古圣先贤、清官廉吏的嘉言懿行，直观体现了我国历史上的廉洁文化，是中华优秀传统文化的重要组成部分。

回首历史，弘扬廉洁文化中蕴含的宝贵思想和文化资源，有助于党员、干部加强党性修养，筑牢思想防线、守住廉洁底线，营造新时代崇廉拒腐、风清气正的政治生态。

二

制度与文化互为依存、相融共进。我国历史上的廉洁文化建设，深刻体现在制度建设之中。《韩非子·外储说右下》记载，鲁相公仪休喜爱吃鱼，人们争相买鱼送他，他却坚辞不受。公仪休说，收了人家的鱼就要按人家的意思办事，难免枉法，如果被免职了还能吃上鱼吗？不收人家的鱼就不会被免职，这样就能"长自给鱼"。这则记载说明，早在春秋战国时期就已有廉政制度制约着官员的行为。公仪休之所以不敢受鱼，是因为制度的底线在约束着他。

选人用人制度上的公正公平是廉洁文化赖以存在的重要基础。秦汉时期，官吏选拔高度重视功劳、重视能力、重视社会评价。秦以军功爵制代替传统的世卿世禄制，杀敌立功，报效国家，可以获得土地与官职。在云梦睡虎地秦简中，有兄弟两人写给家里的两封书信，信中除了浓浓的亲情和乡情，还希望家里寄来钱和布，并询问自己所获得的爵位奖赏到家了没有。他们知道，虽然背井离乡、战场残酷，但通过努力可以改变自己和家庭的命运。"人臣孝则事君忠，处官廉"。汉代推行察举制，察举最重要的科目是孝廉。"孝"是孝悌，对父母孝敬，对兄弟友爱；"廉"是廉洁清白。两汉大批官员就是通过这个制度，走出乡里、报效国家、清廉为政。"少孤贫"的第五访，被举为孝廉，后任张掖太守。面对饥荒，不怕丢官，开仓赈济，自称"太守乐以一身救百姓"。隋唐时期推行科举制，通过考试选拔官吏，考生自由报名，布衣之士有了更多为官的机会。

在官吏管理与考核上，难免存在腐败发生的可能，也有德才关系处理上的两难境地。为保障选人用人的廉洁性，历代有很多制度化规定。秦汉时期就有官吏任用"试守"制度，试用合格者方可继续。官吏任用遵循着籍贯回避、亲属回避、师生回避等回避制度。在江苏连云港尹湾村发现的汉代东海郡官文书中，有一份《东海郡下辖长吏名籍》，详细记载了东海郡100多位主要官吏的籍贯，他们不仅不是本县人，甚至也不是本郡人，证明汉代籍贯回避制度在各地的严格执行。"才者，德之资也；德者，才之帅也。"官吏考核遵循着德先才后的原则。汉代以质朴、敦厚、逊让、有行等"四行"来考察官吏品行，以户口垦田增减、钱谷出入、治安好坏等来考核官吏能力。唐代吏部设置考功司，以德义、清慎、公平、恪勤等"四善"来考察官吏道德，以"二十七最"，即根据各部门职掌之不同，分别提出不同要求来考核官吏能力。德能并重、以德为先，体现着廉洁文化在考核中的意义。历代对官吏日常行为要求也颇为严格。对官吏在职时的钱财物出入，出行时的接待消费，接受宴请馈赠，出入酒楼茶肆，以及为官经商等，大多有详尽、具体的规定。

监察制度经历了悠久历史发展过程，在中国传统廉洁文化建设中的作用极为重要。秦统一以后，中央设御史大夫为最高监察长官，御史大夫下设御史中丞；设监御史，负责监督地方官吏。汉武帝时，划分全国为十三州部监察区，以刺史为监察官，根据武帝手订的《刺史六条》，监察郡国守相二千石高官及其子弟和豪强的各种不法行为。唐朝正式确立了一台三院的监察体制，以御史台为中央最高监察机构，御史台以下分设台院、殿院、察院。宋朝在地方建立了监司、通判监察体系。监司是由皇帝派到路一级的负责监督地方军、政、财、刑的多个职位的统称，彼此互不统属，直接对皇帝负责。

通判是州的监察官,负责监察知州及所部官吏。明朝建立以后,改御史台为都察院,特别重视御史巡按地方,将全国划分为十三道监察区,定期或不定期派御史巡按监察。我国古代巡察官员代表中央,权威性极强,"御史出巡,地动山摇","八府巡按,手捧尚方宝剑,八面威风"。众所周知的狄仁杰等御史清官铁面无私、惩恶扬善,他们的故事至今传为美谈。清朝编成《钦定台规》,统一中央和地方的监察法规于其中,分为训典、宪纲、六科、各道、五城、稽查、巡察和通例等八类,既是清朝最重要的一部监察法典,也是中国古代最完备的一部监察法典。

三

欲知大道,必先为史。从延续民族文化血脉中开拓前进,坚定历史自信、掌握历史主动,方能赢得光明的未来。

习近平总书记高度重视从中华优秀传统文化中汲取历史智慧,多次引用传统廉洁文化内容。2014年3月,在河南省兰考县委常委扩大会议上,总书记提到张伯行的《却赠檄文》。张伯行历任福建巡抚、江苏巡抚、礼部尚书,为谢绝各方馈赠,专门写了一篇《却赠檄文》,其中说道:"一丝一粒,我之名节;一厘一毫,民之脂膏。宽一分,民受赐不止一分;取一文,我为人不值一文。谁云交际之常,廉耻实伤;倘非不义之财,此物何来?"这警醒我们,小事小节是恪守廉洁的第一道防线,良好作风是在小事小节中建立起来的。2015年12月,在中央政治局"三严三实"专题民主生活会上,总书记提到"康熙不取灵芝"的故事。有一次,广西巡抚陈元龙给

永葆清正廉洁的政治本色

康熙奏报,采到一枝高一尺余、状如云气的灵芝,并引用《神农经》中"王者慈仁则芝生"的话。康熙在其奏折上批道:"史册所载祥异甚多,无益于国计民生。地方收成好、家给人足,即是莫大之祥瑞,朕不必览。"古代统治者也明白,各级官员不务实,老百姓活不好、活不下去,其封建统治是要垮台的。这警醒我们,要时刻把百姓放在心中最高位置。2016年1月,在十八届中央纪委六次全会上,总书记提到"莫用三爷,废职亡家"的谚语。"三爷"是指三类关系密切的"至亲":"子为少爷,婿为姑爷,妻兄弟为舅爷。"这警醒我们,为官之人,切切不要对"三爷"这类至亲放纵,否则便可能导致丢官破家的结局。2017年1月,在十八届中央纪委七次全会上,总书记提到"四知拒金"的典故。东汉王密为报杨震提携之情,晚上准备了金子送给杨震,并说:"暮夜无知者。"杨震以"天知、神知、我知、子知"拒礼。这警醒我们,觉悟对一个人立身立业立言立德的重要意义。有觉悟方能辨是非、明公私,有觉悟方能养正气、祛邪气。这样的内容,总书记讲了很多,从官德修养的"直而温,简而廉",到家风建设坚决防止和反对"衙内腐败";从防范小事小节的"不矜细行,终累大德",到改进作风要"善禁者,先禁其身而后人"……提醒全党同志要清清白白为官、干干净净做事、老老实实做人,永葆共产党人清正廉洁的政治本色。

反对腐败、建设廉洁政治,是我们党一贯坚持的鲜明政治立场,是党自我革命必须长期抓好的重大政治任务。全面从严治党,既要靠治标,猛药去疴,重典治乱;也要靠治本,正心修身,涵养文化,守住为政之本。加强新时代廉洁文化建设,是建设廉洁政治、涵养风清气正的政治生态的内在要求。党的十八大以来,习近平总书记围绕新时代廉洁文化建设,发表一系列重要论述。关于为什么加强新时代廉洁文化建设,强调"思想纯洁是马克思主义政党保持纯洁性的根本,道德高尚是领导干部做到清正廉洁的基础""政治文化是政治生活的灵魂,对政治生态具有潜移默化的影响""政德是整个社会道德建设的风向标"。关于如何推进新时代廉洁文化建设,强调"领导干部特别是高级干部要带头落实关于加强新时代廉洁文化建设的意见""深入开展党性党风党纪教育,传承党的光荣传统和优良作风,激发共产党员崇高理想追求,把以权谋私、贪污腐败看成是极大的耻辱""要注重家庭家教家风,督促领导干部从严管好亲属子女""积极宣传廉洁理念、廉洁典型,营造崇廉拒腐的良好风尚"。关于党员、干部尤其是领导干部修身正己,强调"倡导和弘扬忠诚老实、光明坦荡、公道正派、实事求是、艰苦奋斗、清正廉洁等价值观""明大德、守公德、严私德""要把干净和担当、勤政和廉政统一起来""用廉洁文化滋养身心"。总书记的重要论述,充分彰显了我们党自我净化、自我完善、自我革新、自我提高的高度自觉,为新时代廉洁文化建设提供了强大思想武器和科学行动指南。

新时代以来,不断完备的制度体系、严格有效的监督体系,使新时代廉洁文化建设有章可循、有法可依。《中国共产党章程》把"清正廉洁"与"信念坚定、为民服务、勤政务实、敢于担当"一道,明确为党的各级领导干部的基本素质。《关于新形势下党内政治生活的若干准则》把"保持清正廉洁的政治本色"单列一款,强调"建设廉洁政治,坚决反对腐败,是加强和规范党内政治生活的重要任务"。《中国共产党廉洁自律准则》紧扣廉洁自律主题，为党员和党员领导干部树立了一个看得见、够得着的高标准。《关于加强新时代廉洁文化建设的意见》把加强廉洁文化建设作为一体推进不敢腐、不能腐、不想腐的基础性工程。2023年12月，修订后的《中国共产党纪律处分条例》全文发布，关于廉洁纪律增写1条、修改18条，进一步加强对党员、干部全方位管理和经常性监督。

习近平总书记关于新时代廉洁文化建设的重要论述和党章党规党纪的新阐释新规定，极大地丰富和拓展了新时代廉洁文化的内容，赋予其强烈的时代气息，指引推动新时代廉洁文化建设实起来、强起来，不断实现干部清正、政府清廉、政治清明、社会清朗。正如党的二十大报告对新时代全面从严治党伟大实践进行深刻总结时指出，"风清气正的党内政治生态不断形成和发展"。

如何始终保持风清气正的政治生态，是我们这个大党必须解决的独有难题之一。新征程上，在以习近平同志为核心的党中央坚强领导下，在习近平新时代中国特色社会主义思想科学指引下，深入学习贯彻习近平总书记关于新时代廉洁文化建设的重要论述，从传统廉洁文化精华中汲取营养和智慧，锲而不舍建设新时代廉洁文化，持之以恒净化政治生态，就一定能为推进全面从严治党向纵深发展提供重要支撑。

《求是》2024年第4期

涵养廉洁文化　建设廉洁政治

杨润聪　洪向华

习近平总书记指出："领导干部特别是高级干部要带头落实关于加强新时代廉洁文化建设的意见，从思想上固本培元，提高党性觉悟，增强拒腐防变能力。"中共中央办公厅印发的《关于加强新时代廉洁文化建设的意见》把廉洁文化建设纳入党风廉政建设和反腐败工作布局之中。正心修身、涵养文化，才能守住为政之本。加强新时代廉洁文化建设，有利于在全社会营造以文化人、以文润德、以文养廉的浓厚氛围，从而促进廉洁政治建设。

廉洁文化是建设廉洁政治的重要支撑

中国共产党从成立之日起就将廉洁政治视为自身的价值追求。早在1947年10月，我们党就提出"肃清贪官污吏，建立廉洁政治"。党的十八大以来，习近平总书记从关系党的生死存亡的高度反复强调，以永远在路上的执着把全面从严治党引向深入，开创全面

永葆清正廉洁的政治本色

从严治党新局面。加强新时代廉洁文化建设，就是要使党员干部特别是领导干部做到廉洁修身、廉洁从政、廉洁用权、廉洁奉公，并进一步发挥导向、示范、辐射作用，营造海晏河清的政治生态和社会风尚，全面推动廉洁政治建设。

廉洁文化为廉洁政治提供价值理念。习近平总书记指出，必须坚持党要管党、从严治党，积极借鉴我国历史上优秀廉政文化，不断提高党的领导水平和执政水平、提高拒腐防变和抵御风险能力。古人云，"廉者，政之本也"，"廉洁"被视为"仕者之德""为官之宝""国之四维"。老一辈革命家深受传统廉政文化的影响，在廉洁操守上坚持以身作则、率先垂范，所展现出来的廉洁道德品质被称为"东方魔力"。新时代加强廉洁文化建设，通过发挥廉洁文化教育、感染、激励等方面的作用，使广大党员干部在潜移默化中把廉洁自律的准则内化于心、外化于行，将廉洁从政内化为自觉追求，在任何时候都能稳得住心神、管得住行为、守得住清白，做到权为民所用、利为民所谋，推进党内政治生态持续好转，让求真务实、清正廉洁的新风正气不断充盈，实现政治清明。

廉洁文化为廉洁政治提供行为准则。《周礼》记载了为官"六廉"：廉善、廉能、廉敬、廉正、廉法、廉辨，将"廉洁"作为官员廉洁奉公、为民做主的行为规范和考察官吏、整饬吏治的参考标准。中国共产党更是把廉洁作为一种政治行为准则，把遵守廉洁规范作为全体党员干部的政治要求。《中国共产党章程》提出"党的各级领导干部必须信念坚定、为民服务、勤政务实、敢于担当、清正廉洁"；《关于新形势下党内政治生活的若干准则》围绕"保持清正廉洁的政治本色"提出明确要求、作出具体规定;《中国共产党廉洁自律准则》分别提出党员和党员领导干部廉洁自律规范;《关于加强新时代廉洁文化建设的意见》提出"把加强廉洁文化建设作为一体推进不敢腐、不能腐、不想腐的基础性工程抓紧抓实抓好,为推进全面从严治党向纵深发展提供重要支撑"。这强化了对党员和党员干部的廉洁要求,推动广大党员干部廉洁从政,廉洁用权。

廉洁文化为廉洁政治提供文化资源。自上古的尧、舜、禹起,古老的中华大地便滋养了不计其数为人称道的清官廉吏,形成了众多"勤政为民""崇俭戒奢""尚廉守廉"的廉洁文化表现形式,如格言警句、诗词歌赋等。百余年来,中国共产党在长期的革命、建设和改革中更是涌现出了无数先进人物的廉洁事迹,形成了克己奉公、勤俭节约、甘于奉献等精神品格,涵养出根植传统文化的红色廉洁文化资源。"天下治乱,系乎风俗",依托我国丰富的廉洁文化资源,通过不断完善的传播载体,在全社会弘扬和倡导廉洁文化,以润物细无声的方式,让廉洁文化渗透到人们生活的方方面面,既能使广大人民群众耳濡目染,形成对廉洁的基本认知,认识到腐败的社会危害,还能让清廉成为一种长期遵守的风俗习惯,降低社会对腐败的容忍程度,有助于从根源上铲除腐败滋生的土壤,实现社会清朗。

全面加强新时代廉洁文化建设

作为夯基固本的基础工程,全面加强新时代廉洁文化建设,要服务于廉洁政治建设的整体目标,培养党员干部清正廉洁的政治品质，引导政府秉公用权、廉洁奉公，在整个社会中形成良好的政风，培养人们对廉洁的信仰和追求，使廉洁成为全社会的共识。

坚持用马克思主义中国化时代化最新理论成果武装全党。中国共产党作为长期执政的马克思主义政党，用最新理论成果武装全党是其内在要求。夯实全党清正廉洁的思想根基，最根本的就是加强用习近平新时代中国特色社会主义思想对广大党员干部进行思想武装，使他们牢固树立正确的权力观、政绩观、事业观，正心修身，强化宗旨意识，以理论上的坚定保证行动上的坚定，以思想上的清醒守住为政之本，始终坚守共产党人的高尚品格和廉洁操守。

坚定信仰信念信心，筑牢拒腐防变思想防线。习近平总书记指出："无论过去、现在还是将来，对马克思主义的信仰，对中国特色社会主义的信念，对实现中华民族伟大复兴中国梦的信心，都是指引和支撑中国人民站起来、富起来、强起来的强大精神力量。"坚定信仰信念信心，把为党和人民事业贡献力量作为自己的最高追求，涵养"功成不必在我"的精神境界，锤炼"功成必定有我"的历史担当，自觉抵御各种外来风险，补足精神之钙，炼就金刚不坏之身。

坚定文化自信，厚植廉洁文化基础。廉洁文化根植于中华大地，中华优秀传统文化、革命文化和社会主义先进文化共同铸造了廉洁文化的"根"与"魂"。新时代廉洁文化建设，要不断汲取中华优秀传统文化中的营养和智慧，强化自我修炼、自我约束、自我塑造的本领，培养清正廉洁的价值观念，涵养克己奉公、清廉自守的精神境界；坚持用革命文化淬炼身心，以清廉之姿走好新时代的长征路；用社会主义先进文化培育为政清廉、秉公用权的文化土壤。

常态化开展廉洁文化教育，充分发挥廉洁教育基础性作用。常态化的廉洁教育以更直接、更形象、更有效的方式，促进党员干部知敬畏、守底线，公正用权、依法用权、廉洁用权，做到廉洁自律、克己奉公。通过培养党员领导干部的政德，使其明大德，铸牢理想信念，锤炼坚强党性；守公德，强化宗旨意识，全心全意为人民服务；严私德，锤炼坚强党性，严格约束自己的行为，不放纵、不越轨、不逾矩，自觉将党纪国法内化于心、外化于行，担负起党和人民交给自己的政治责任，守住自己的政治生命线。

弘扬崇廉拒腐社会风尚，营造崇廉拒腐的社会氛围。良好社会风尚彰显着一个社会的文明素养，影响着一个社会的精神塑造，蕴含着一个社会健康向上的力量。推进社会主义廉洁文化建设，要努力提高廉政文化产品和服务的供给能力，着力打造一批思想性、艺术性和观赏性相统一的、深受群众喜爱的优秀廉政文化作品。通过开展形式多样、内容多元的廉洁教育活动，使各种文化活动场所成为弘扬廉洁精神、传播廉洁价值的重要阵地，运用现代科学技术增强廉政文化的吸引力、感染力、传播力。充分挖掘人民群众力量，支持引导广大人民群众主动开展有关廉洁文化的研究及宣传推广，使廉洁文化真正进机关、进企业、进社区、进农村，进到寻常百姓家，使广大群众在日常生产生活中受到廉洁文化的熏陶。

《光明日报》2022年4月26日第6版

加强新时代廉洁文化建设

刘晓川

廉洁文化是以崇尚廉洁、奉公自律为价值取向，融合了廉洁价值理念、廉洁行为方式、廉洁社会风尚等元素的一种文化形态。新时代新征程，以习近平同志为核心的党中央提出加强新时代廉洁文化建设，是对党的优良传统的继承和发扬，符合全党全社会的共同利益和价值诉求。

注重廉洁文化建设是马克思主义政党的鲜明底色

注重廉洁文化建设既是马克思主义政党推动自我革命的重要举措，又是永葆先进本色、强化使命担当的必然要求。早在领导建立马克思主义政党之初，马克思主义经典作家就对无产阶级政党廉洁文化建设给予高度关注，并形成了科学的廉洁文化思想。

马克思、恩格斯认为，马克思主义政党的人民立场决定了共产党人"强调和坚持整个无产阶级共同的不分民族的利益"。因此，无产阶级政权机关及其公职人员应始终保持无产阶级政党的廉洁奉公意识，真正成为为人民服务的社会公仆。马克思主义政党的廉洁文化建设既蕴含于其内在性质、宗旨、立场等，又外显于其具体实践。为了确保国家公职人员的公仆本色和国家机关的公仆性质，马克思、恩格斯认为要赋予无产阶级一定的监督权与罢免权，着力建设"廉价政府"。俄国十月革命胜利后，列宁围绕俄共（布）执政后如何保持廉洁性的问题深刻指出，无产阶级政权应是巴黎公社式的国家管理机构，他还主张要坚决反对官僚主义、形式主义等。

作为以马克思主义为指导思想的无产阶级先进政党，中国共产党继承发展了马克思主义廉洁文化思想，既注重不断丰富廉洁文化建设的内涵，又坚持不断升华廉洁文化建设的理论实践价值，逐渐形成了自己的优良传统。早在领导新民主主义革命时，我们党就提出了"铲除贪官污吏，建立廉洁政府"的目标，《陕甘宁边区施政纲领》明确规定"厉行廉洁政治，严惩公务人员之贪污行为"。进入社会主义革命和建设时期，我们党聚焦维护和巩固新生的人民民主政权，开展"三反""五反"运动，坚决反对官僚主义，积极开展反腐败斗争，净化了党内政治生态，形成了良好社会风尚。面对改革开放带来的各种风险考验，我们党不仅明确提出了建设"公正廉洁的党"的目标要求，而且明确提出了"廉政文化建设"的概念，突出强调预防腐败在廉洁文化建设中的重要地位，把廉洁文化建设推向了新高度。

党的十八大以来，面对复杂多变的国内外环境和"四大考验""四种危险"的挑战，我们党统筹推进"五位一体"总体布局、协调推进"四个全面"战略布局，从思想根基、文化基础、道德教育、制度支撑等不同维度提出了一系列关于新时代廉洁文化建设的新理念新思想新战略,为新时代不断夯实清正廉洁思想根基,不断实现干部清正、政府清廉、政治清明、社会清朗提供了根本遵循。

加强新时代廉洁文化建设是党永葆先进本色的必然要求

马克思主义政党始终以先进性和纯洁性为独特优势,并将是否廉洁作为衡量政党是否具有先进性和纯洁性的基本尺度。纵观古今中外世界政党兴衰更迭历史,我们不难发现一个具有普遍性的现象,一些政党在成立初期往往能够保持艰苦奋斗、联系群众的作风和励精图治、奋发有为的精神状态。但随着时间的推移,一些政党就开始腐化变质,最终导致分崩离析。原因是多方面的,其中一点就在于这些政党出现了思想懈怠。我们党提出加强新时代廉洁文化建设,就是要引导广大党员干部筑牢信仰之基、补足精神之钙、把稳思想之舵,永葆马克思主义政党先进本色。

打铁必须自身硬。新时代赋予的使命任务对我们党永葆自身先进性与纯洁性提出了新的更高要求。我们党永葆马克思主义政党先进本色,根本在于要不断加强和改进自身建设,推动全面从严治党向纵深发展。这既需要猛药去疴,也需要涵养廉洁文化。我们党在百余年管党治党实践中,始终高度重视和加强对党员干部的廉洁文化熏陶和精神滋养。加强新时代廉洁文化建设,有利于充分发挥廉洁文化的价值导向功能和行为约束功能,充分培育廉洁文化土壤,有效解决新时代党风廉政建设中存在的思想问题,为全面从严治党提供强大思想保证和文化支撑。

统筹谋划综合施策，找准新时代廉洁文化建设的着力点

新时代廉洁文化建设既是一个理论问题，也是一个实践课题。面对新时代党的使命任务和全面从严治党新要求，要坚持统筹谋划、综合施策，找准新时代廉洁文化建设的着力点，以文化润其内、固其本。

注重用党的创新理论固本培元。只有思想理论上清醒，才能有实践上的坚定和自觉。党的创新理论不仅是破除思想迷雾的灯塔，也是净化心灵、增强党性的思想武器。加强新时代廉洁文化建设，要坚持以习近平新时代中国特色社会主义思想武装全党，不断深化对党的创新理论的科学认知，在学懂弄通做实上下功夫，在立根固本上求实效，真正把党的创新理论转化为广大党员干部立身从政的行为准则和实际行动。

厚植清正廉洁的文化土壤。加强新时代廉洁文化建设，要坚持继承与创新相统一，从中华优秀传统文化、革命文化和社会主义先进文化中汲取营养和智慧，坚定文化自信和文化自觉。要善于用革命文化淬炼公而忘私、不怕牺牲、甘于奉献的高尚品格，引导广大党员干部永葆勤俭节约、艰苦朴素的公仆本色。用社会主义先进文化滋养为政清廉、秉公用权的文化土壤，通过培育和践行社会主义核心价值观凝魂聚气，在全社会树立廉政典型，营造公道正派的社会氛围，使广大党员干部不断提高政治素养和道德素养。坚持古为今用、推陈出新，充分挖掘中华优秀传统文化中蕴含的"崇德尚廉""廉为政本""持廉守正"等思想精华，不断赋予中华优秀传统廉洁文化新的时代内涵和现代表达形式，使广大党员干部始终成为

为政以德、正心修身的模范。

科学利用廉洁文化资源，丰富新时代廉洁文化建设载体。廉洁文化资源是推进新时代廉洁文化建设的资源库和动力源。应着眼于正面引导，持续优化资源配置，积极搭建廉洁文化资源共享平台，持续推进廉洁文化资源数字化建设，实现连点成线、以线织面。立足全媒体时代的特点，既注重发挥传统文化阵地和表现形式的基础性作用，又注重综合发挥现代信息技术高效便捷、受众面广、互动性强等优势，以技术嵌入为支撑不断拓展新时代廉洁文化建设的内容与形式，推动新时代廉洁文化建设在智能化驱动、数字化赋能、信息化管理等方面更加便捷高效。创作一批兼具思想性、艺术性和观赏性的优质文化作品，切实提升新时代廉洁文化建设的传播力和影响力，进而形成"人人崇廉、人人尚廉"的良好社会风尚。

《光明日报》2024年4月2日第6版

反腐败绝对不能回头不能松懈不能慈悲

别荣海

习近平总书记在二十届中央纪委三次全会上发表重要讲话指出："面对依然严峻复杂的形势,反腐败绝对不能回头、不能松懈、不能慈悲,必须永远吹冲锋号。"这一重要论述内涵深刻,意义重大,宣示了以习近平同志为核心的党中央坚定不移惩治腐败的决心意志。新征程上,推进反腐败斗争决不能有停一停、歇一歇的想法,必须牢记反腐败绝对不能回头、不能松懈、不能慈悲,在铲除腐败问题产生的土壤和条件上持续发力、纵深推进,深化标本兼治、系统施治,不断拓展反腐败斗争深度广度,推动防范和治理腐败问题常态化、长效化。

一

经过新时代十多年坚持不懈的强力反腐,反腐败斗争取得压倒性胜利并全面巩固,但形势依然严峻复杂。反腐败斗争还远未到大

永葆清正廉洁的政治本色

功告成的时候,腐败问题产生的土壤和条件尚未根除,我们要清醒地认识到,反腐败斗争是一场攻坚战持久战。

勇于自我革命是中国共产党区别于其他政党的显著标志。百余年来,党历经千锤百炼而朝气蓬勃,一个很重要的原因就是始终坚持党要管党、全面从严治党,坚定不移地推进自我革命,持续深入地开展反腐败斗争,建设具有先进性和纯洁性的廉洁政党。从1926年党发出关于坚决清洗贪污腐化分子的通告开始,"两个务必"要求、"三反"运动、整党运动到新时代把全面从严治党纳入"四个全面"战略布局,刀刃向内、刮骨疗毒,猛药祛疴、重典治乱,党开展持续、深入、全面的反腐败斗争从未中止。党的反腐败历程,既是一场腐败防范与治理的接力赛,也是一场腐败防范与治理的持久战,既深化了党对反腐败斗争的认识、积累了反腐败斗争的经验,也探索着反腐败斗争的规律,为进一步构筑防范与治理有机统一的反腐败体系,坚决打赢反腐败斗争攻坚战持久战夯实基础。

百余年大浪淘沙,中国共产党能够从最初的50多名党员发展到2023年底的9900多万名党员,战胜一个又一个困难,取得一个又一个胜利,关键在于始终坚持党要管党、全面从严治党不放松,在推动社会革命的同时进行彻底的自我革命,拥有管大党、治大党的执政历练,守住了百年大党、百年老党的执政资格。纵观世界其他政党的百年浮沉,20世纪末,以苏联共产党、印度国民大会党、墨西哥革命制度党等为代表的一些大党、老党相继失去执政地位,有的甚至走上亡党的悲惨境地。究其原因,是不少政党由于连续执政而放松了管党治党的要求,任由党内腐败问题滋长,侵蚀了政党执政根基，逐渐脱离人民，直至被本国人民所抛弃。堡垒最容易从内部被攻破，能打败我们的只有我们自己。因此，反腐败问题是政党建设的永恒课题，也是政党建设需要攻克的世界性难题。世界政党发展史启示我们要正视腐败，惩治腐败，防范腐败，坚决做到"反腐败绝对不能回头、不能松懈、不能慈悲"。

党的十八大以来，以习近平同志为核心的党中央以壮士断腕的勇气推进全面从严治党，严肃整治腐败问题，反腐败斗争取得压倒性胜利并全面巩固，党风政风持续向好。面对取得的成绩，一些人容易沾沾自喜，忽视自身问题；一些人觉得"船到码头车到站"，可以好好喘口气、歇歇脚；有的人不思进取，缺乏攻坚克难的锐气和斗志。我们必须看到，党内存在的政治不纯、思想不纯、组织不纯、作风不纯等突出问题仍然存在，一些已经解决的问题还可能反弹回潮。新中国成立75年，许多党员干部没有经历过生死考验，缺乏严峻斗争和艰苦环境的磨砺，在具有许多新的历史特点的伟大斗争面前可能会不知所措。面对前进道路上风高浪急甚至惊涛骇浪的重大挑战，解决大党独有难题必然是一个长期而艰巨的过程，必须坚决摒弃权宜之计、一时之举的思想，坚决克服松劲歇脚、疲劳厌战的情绪，坚决防止转变风向、降调变调的错误期待，把反腐败斗争进行到底。

二

"反腐败绝对不能回头、不能松懈、不能慈悲"，深刻揭示了反腐败斗争开弓没有回头箭，没有休止符；不能松劲歇脚、疲劳厌战；

不能放松尺度、降低要求，必须持之以恒、久久为功，永远吹冲锋号。

"绝对不能回头"宣示了新征程坚持反腐败斗争的决心和方向。迈上新征程，必须清醒看到，腐败这个党的执政风险仍然存在，遏制增量、清除存量的任务依然艰巨。对反腐败斗争的复杂性和艰巨性决不能轻视，对其顽固性和危害性决不能低估。这就要求广大党员干部在内心深处始终保持"赶考"的清醒，保持对"腐蚀""围猎"的警觉，牢记反腐败永远在路上，一以贯之采取最坚决、最有力的措施，把严的基调、严的措施、严的氛围长期坚持下去，坚决打赢反腐败这场输不起也决不能输的斗争。

"绝对不能松懈"体现了新征程反腐败斗争的一贯要求和坚强意志。我们应牢记"船到中流浪更急、人到半山路更陡"的至理名言，把反腐败斗争作为加强党的建设的永恒课题，作为全体党员干部自我革命的终身课题。对腐败问题，不论谁出问题、出什么问题，必须坚决查处，不断清除损害党的先进性和纯洁性的因素，不断清除侵蚀党的健康肌体的病毒，坚持以雷霆之势反腐惩恶，打好反腐败斗争攻坚战持久战。

"绝对不能慈悲"彰显了新征程反腐败斗争的严正态度和坚定立场。惩治腐败关系民心向背。人民群众最痛恨腐败，不得罪成百上千的腐败分子，就要得罪十四亿人民。因此，对腐败分子不能心慈手软，有放一马、得过且过的心理。兴党强党，保证党永葆生机活力，必须以勇于自我革命精神和刀刃向内的勇气打造和锤炼自己，增强反腐败斗争永远在路上的政治自觉，决不能滋生已经严到位、严到底的情绪。新征程上,要时刻防范形形色色的利益集团成伙作势、"围猎"腐蚀,有效应对腐败手段隐形变异、翻新升级,彻底铲除腐败滋生的土壤和条件。

三

站在世界百年未有之大变局的广阔视野下,在中国式现代化加速推进的复兴之路上,"四大考验""四种危险"依然不同程度地存在,反腐败斗争依然任重道远。我们要充分认识党内外存在的各种腐败因素和环境,深刻理解我们党将反腐败斗争作为一场攻坚战持久战的内在要义,时刻保持反腐败斗争永远在路上的坚韧和执着,抓铁有痕、踏石留印,打好打赢反腐败斗争攻坚战持久战。

坚持党中央集中统一领导。始终坚持党中央对反腐败工作的集中统一领导,动员整合多方力量形成反腐败斗争的"一盘棋",确保反腐败斗争始终沿着正确的方向进行到底。完善各级党委反腐败协调工作机制以及腐败监控预警机制,推动建立健全党委定期研判反腐败斗争形势、听取重大案件汇报等制度,从组织形式、职能定位、决策程序上不断将党对反腐败工作的集中统一领导具体化、常态化、制度化。从政治上领会好、领会准、领会透党中央关于党风廉政建设和反腐败斗争的精神,牢牢把握党中央关于党风廉政建设和反腐败斗争的重大方针、重大原则、重点任务的政治内涵,自觉同党中央保持高度一致,深刻认识各类腐败问题的政治本质和政治危害,有效抵御风险挑战,保证红色江山永不变色。

夯实反腐败斗争政治基础。筑牢拒腐防变的政治思想防线,始终紧盯"七个有之"问题，以正视问题的勇气和刀刃向内的自觉进行反腐败斗争，坚决惩治不收敛不收手、胆大妄为者，坚决清除对党不忠诚不老实、阳奉阴违的两面派、两面人，坚决打击当面一套背后一套、嘴上一套行动一套的人。对那些攫取国家和人民利益、侵蚀党的执政根基的人，对那些在党内搞政治团伙、小圈子、利益集团的人，要毫不手软、坚决查处，及时清理风险隐患。各级党员干部特别是领导干部要坚定政治立场，加强党性修养，遇到问题、作出决策、处理工作首先要从政治上想一想，对照党章、党内政治生活准则、党纪处分条例举一反三，看准能不能干、该不该做，在风浪考验中立得住脚，在诱惑"围猎"面前定得住神，始终做政治上的明白人。

把严惩政商勾连腐败作为重中之重。权力与资本勾连往往是重大腐败案件产生的导火索，隐患巨大，成为反腐败斗争的重中之重。因此，要坚决打击以权力为依托的资本逐利行为，斩断政治权力与资本财富之间的"跨圈勾连"，坚决防止各种利益集团、权势团体向政治领域渗透。坚决查处政治问题和经济问题交织而成的腐败，坚决防止领导干部成为利益集团和权势团体的代言人、代理人，坚决防止政商勾连、资本向政治领域渗透等破坏政治生态和经济发展环境。对金融领域政商"旋转门""突击入股"等典型共性问题集中排查清理，开展专项整治，加大对"影子股东""影子公司""逃逸式辞职"等隐形变异腐败问题的打击力度，严肃惩治"靠企吃企""靠贷吃贷""靠监管吃监管"等行为，斩断权力与资本的勾连纽带，构建亲清政商关系。领导干部要始终保持"赶考"的清醒，保持对

"腐蚀""围猎"的警觉,把严的主基调长期坚持下去,以系统施治、标本兼治的理念正风肃纪反腐,不断增强党自我净化、自我完善、自我革新、自我提高能力。坚持"吾日三省吾身",自觉做到"三严三实",强化自我修炼、自我约束、自我塑造,在廉洁自律上作出表率。

深化整治重点领域腐败问题。习近平总书记指出:"深化整治金融、国企、能源、医药和基建工程等权力集中、资金密集、资源富集领域的腐败,清理风险隐患。"重点领域的腐败问题往往关系重大、牵一发而动全身,是新征程上反腐败斗争难啃的"硬骨头"。因此,必须实现重点关照和精准打击,盯紧重点领域和关键环节存在的腐败隐患,前移反腐关口,深化源头治理,加强重点领域监督机制改革和制度建设,健全防治腐败滋生蔓延的体制机制。抓住定政策、作决策、审批监管等关键权力,聚焦重点领域深化体制机制改革,加快新兴领域治理机制建设,完善权力配置和运行制约机制,进一步堵塞制度漏洞,规范自由裁量权,减少设租寻租机会。对重点领域的腐败问题必须敢于动真碰硬,以顽强的意志品质做到有案必查、有腐必惩。

惩治"蝇贪蚁腐"决不手软。"蝇贪蚁腐"这类"微腐败"多发生在基层一线、集中在民生领域,虽然是小微腐败,但损害的是老百姓切身利益,啃食的是群众获得感,挥霍的是基层群众对党的信任。堤溃蚁孔,气泄针芒,说的就是"蝇贪蚁腐"的危害。必须以零容忍的态度严厉查处"蝇贪蚁腐",坚决惩治群众身边腐败,既要抓典型案件查办,也要做好综合治理。把权力监督做在日常、抓在经常,把查办案件与制度建设、廉洁教育紧密结合起来,教育基层干部做到慎初、慎小、慎微,时刻自重、自醒、自警、自励,把小微腐败的风险隐患控制在萌芽状态、扼杀在摇篮之中。紧盯基层"关键少数",既加强对基层"一把手"的监督,也要盯紧对具体执行人的监督,防止权力沦为私有。更加注重正本清源、固本培元,加强新时代廉洁文化建设,积极宣传廉洁理念、廉洁典型,涵养求真务实、团结奋斗的时代新风,顺应人民群众对党风政风的新期待,营造风清气正的基层政治生态。

《光明日报》2024年5月23日第6版

廉洁文化建设的历史传统与现代转化

刘 畅

廉洁文化建设是廉政建设的基础性工作，中国传统廉洁思想是中华优秀传统文化的重要构成与生动表征。加强新时代廉洁文化建设，应充分把握"第二个结合"的基本要求，深入挖掘中华优秀传统文化中的廉洁思想，并结合廉政建设实践实现创造性转化与创新性发展。

以公正廉明夯实价值基础

"廉"是中国古代对官员个体品质的基本要求，也是政治实践和治国理政的重要价值追求，蕴含着求公去私、克己为民的自律基因。在中华传统廉洁文化叙事中，"廉"与"勤政""爱民"等理念相结合，以"天下为公""民为邦本"为思想底色。

"天下为公"将"公"作为廉洁观念的重要价值，强调政治的公共性、公平性和廉洁性，既是对统治者提出的要求，也是对理想社会的描述，蕴含着公、私、廉有机统一的内在逻辑。"天无私覆也，地无私载也，日月无私烛也，四时无私行也"等论述，阐明了公与私的辩证关系，即政治权力应服务于公共利益，而不是个人或小集团的私利。"民为邦本"的理想追求，则可追溯至中国人对天、君、民三者关系的理解。"仁者爱人""民为贵，社稷次之，君为轻""敬天爱人，德政保民""克明俊德，以亲九族。九族既睦，平章百姓。百姓昭明，协和万邦，黎民于变时雍"等论述，实质上都是将维护民众共同利益视作维系君主统治的基础，统治者只有注重克制私欲、廉政为民，才能得到民众的拥护。

中国共产党在带领中国人民进行革命、建设、改革的长期实践中，汲取中华优秀传统廉洁文化滋养，在廉洁文化建设中体现廉政为民、用权为民的宗旨意识，夯实人民至上的价值基础。新时代的廉洁文化建设，应当以代表和维护最广大人民的根本利益为价值指向，以促进人的自由全面发展为价值目标，不断增强党员干部的政治意识和廉洁自律意识，以规范权力运行和开展权力监督提升国家治理能力与水平，促进社会公平正义、增进人民福祉，让人民群众有更多获得感、幸福感、安全感。

以风尚塑造厚植社会土壤

中国古代有着深厚的崇廉尚洁的社会土壤，《官箴》《戒石铭》等经典文献，廉石压舟、晏婴辞礼等清廉故事，包拯、海瑞等清官形象，"廉者，政之本也""清心为治本，直道是身谋"等醒世恒言，无不蕴含着民众对廉洁的推崇、对清官的敬仰和拥戴。

正是基于这些文化共识，中国古代形成了一种崇尚清廉、公道和正派的政治文化现象。尧舜禹时期，廉洁文化萌芽，主要关注领导者个人品德和行为规范的养成，"六廉"即体现了对官吏素质的整体要求。夏商周时期，重视廉洁与德政相结合，崇尚廉洁、反对贪污的社会风气逐渐形成，《诗经》中的《硕鼠》以"硕鼠"的形象表达人们对贪食民脂民膏者的谴责，《论语》则以"为政以德，譬如北辰，居其所而众星共之"的表达指明执政者只有具备德行才能得到敬仰和追随。传世典籍中，既有对"铁面无私，公正廉明""鞠躬尽瘁，死而后已"等忠廉之德的褒奖，也有对"先天下之忧而忧，后天下之乐而乐""不要人夸好颜色，只留清气满乾坤"等为政之道的弘扬，对于形成风清气正的政治生态产生了深远影响。

崇廉尚洁的共识和风尚，是开展廉洁文化建设的重要社会基础。一方面，充分挖掘历史文献、文化经典、文物古迹中的廉洁思想，整理古圣先贤、清官廉吏的嘉言懿行，以讲好廉洁故事的方式生动展现崇德尚廉、廉为政本、持廉守正等传统廉洁文化精华，增强廉洁文化建设的文化自信和历史自信，增强廉洁文化社会传播的感染力。另一方面，突出廉洁文化社会传播的时代性，聚焦新时代廉洁文化建设的鲜明主题，挖掘、提炼和总结新时代廉政建设与腐败治理的做法，讲好中国共产党以伟大自我革命引领伟大社会革命的故事，增强新时代廉洁文化建设的传播成效，厚植廉洁文化的社会土壤。

以德行养成传承文化基因

德治是中国古代治国理政的重要思想,一个重要方面就是要求官员提升自身道德修养。在传统德治体系中,廉德是德治的核心要素之一。德治强调以道德原则指导政治行为和社会治理,而廉德则被视为官员能否公正无私行使权力的基础,是官员个人修养的直接体现。

廉德、德治与中国古代"修齐治平""反躬自省"等思想观念具有相通性,强调从个人修养出发,逐步扩展到家庭、社会的和谐与秩序。廉德遵循内化于心、外化于行的逻辑,将以廉修身、以廉养性、以廉齐家作为中国古代士人廉洁品德的养成路径。以廉修身和以廉养性从内化于心的角度强调廉对于规范士人行为和提升人格境界的积极作用,"礼义,治人之大法;廉耻,立人之大节""君子之道也,贫则见廉",体现出中国古代士人"反躬自省"的省察传统,即从内心深处审视自己的行为和思想,严私德、重修养,追求清廉的道德品质与原则底线,达到以廉洁认知培养廉洁品格的理想境界。以廉齐家则从外化于行的角度强调个人之廉对于齐家治国平天下的基础性作用,"廉以律身,忠以事上,正以处事,恭慎以率百僚""当官之法,惟有三事,曰清、曰慎、曰勤",蕴含着从严私德、守公德到明大德的建构逻辑,体现出传统儒家"修齐治平"的理想追求和家国同构的思维方式。

中国共产党是马克思主义的坚定信仰者,也是中华优秀传统文化的忠实传承者和弘扬者,在党员发展与党员教育中传承中华优秀道德基因,探索出一条彰显清廉底色、具有中国特色的马克思主义政党建设之路。加强新时代廉洁文化建设，要坚守初心使命，继承和发扬党的优良传统，将忠诚、干净、担当等信念内化为党员的廉洁观，并以规范且稳定的制度不断督促全体党员修好对党忠诚的大德、造福人民的公德、严于律己的私德，将廉洁从政、廉洁用权、廉洁修身、廉洁齐家作为考察党员领导干部廉洁自律的重要维度，永葆党员领导干部清正廉洁的政治本色。与此同时，充分发挥廉洁文化的教育、规范和调节功能，将德育放在重要位置，培育公民的道德观念和社会责任感，让廉洁文化润物无声深入人心。

《光明日报》2024年11月15日第11版

汲取中华传统廉洁思想营养建设新时代廉洁文化

吴长庚

廉洁文化是社会主义先进文化的重要组成部分，建设新时代廉洁文化是打赢反腐败斗争攻坚战持久战，一体推进不敢腐、不能腐、不想腐的基础工程。党的二十届三中全会通过的《中共中央关于进一步全面深化改革、推进中国式现代化的决定》将"加强新时代廉洁文化建设"作为"完善一体推进不敢腐、不能腐、不想腐工作机制，着力铲除腐败滋生的土壤和条件"的重要举措。习近平总书记指出："研究我国反腐倡廉历史，了解我国古代廉政文化，考察我国历史上反腐倡廉的成败得失，可以给人以深刻启迪，有利于我们运用历史智慧推进反腐倡廉建设。"建设新时代廉洁文化，需要汲取中华优秀传统文化中的廉洁思想营养，这也是推动中华优秀传统文化创造性转化、创新性发展的重要一环。

汲取修身律己、崇德尚廉的思想营养，加强人格修养，提升党员干部精神境界

中华传统文化十分重视修身，儒家认为修身正己、崇德尚廉是为人、为官的前提和基础。几千年来，"修身、齐家、治国、平天下"成为衡量人生价值最重要的内容。"自天子以至于庶人，壹是皆以修身为本"，这说明个人道德修养和齐家治国平天下具有一致性。传统文化认为修身要做到知廉耻。孔子主张"见利思义""不义而富且贵，于我如浮云"。在中国传统政治思想中，"廉洁"被视为"仕者之德""为官之宝"，"尚廉"是中华传统文化的重要瑰宝。

传统文化认为修身还要做到"自省""慎独""慎初""慎微"。孔子提出"见贤思齐焉，见不贤而内自省也"，曾子提出"吾日三省吾身"，《尚书》强调"慎厥初，惟厥终，终以不困"，《大学》强调"诚于中，形于外，故君子必慎其独也"。传统文化强调为人要做"君子"和"大丈夫"，判断君子、大丈夫的重要标准是公正清廉，这是"士君子之大节"，认为"君子坦荡荡""君子之交淡如水"。这些传统廉洁思想得到社会各阶层、各民族的认同与推崇，对国人的生活方式和思维方式产生了重要影响。

习近平总书记强调，"党员干部特别是领导干部务必把加强道德修养作为十分重要的人生必修课，自觉从中华优秀传统文化中汲取营养"。从加强思想道德教育入手，将社会主义核心价值观、中华传统廉洁思想等纳入从小学到大学教育的重要内容，采取多种形式宣传中华传统廉洁思想和廉洁人物事迹，将廉洁的种子和以廉为荣、以贪为耻、诚实守信的价值理念从小植入公民心田。广大党员领导

永葆清正廉洁的政治本色

干部应从中华传统廉洁思想中汲取有益营养,使清正廉洁成为每个人的自觉习惯。在全社会各行各业持之以恒开展新时代廉洁文化宣传教育活动,培育崇尚廉洁的全民意识和社会文化氛围。

汲取民惟邦本、廉为政本的思想营养,加强政德教育,践行执政为民初心

民本思想是中华传统廉洁思想的重要内容。《尚书》就有"民惟邦本,本固邦宁"的民本思想,《左传》有言"国将兴,听于民;将亡,听于神"。中国历代均有"以民为本""廉为政本"的廉洁政治导向,《论语》提出"百姓足,君孰与不足?百姓不足,君孰与足?"的观点;孟子认为"民为贵,社稷次之,君为轻";荀子继承并发展了孔、孟的民本思想,提出"君者,舟也;庶人者,水也。水则载舟,水则覆舟"。民本思想是中华传统廉洁思想的重要内核,是中国历代思想家和统治者倡导廉洁风尚、推进廉洁政治建设的重要思想基础。

廉为政本思想也是中华传统廉洁思想的重要内容。《晏子春秋》指出,"廉者,政之本也"。《周礼》提出考察官吏"既断以六事,又以廉为本",要看"六廉":廉善、廉能、廉敬、廉正、廉法、廉辨,这六种能力前均加上"廉"字,意指为官者既要具备能力,又要廉洁,但廉是首要的。"六廉"思想是我国廉政思想遗产中的精华,在古代中国,凡是清廉正直的清官好官都为人民千古敬仰和传颂,凡是丧失廉耻的人都会为人所不齿。

党的十八大以来,习近平总书记在不同场合引用先秦时期为政

以廉的箴言,强调"所有党员、干部都要戒贪止欲、克己奉公,切实把人民赋予的权力用来造福于人民"。我们要大力汲取中华优秀传统廉洁思想智慧,培育领导干部知行统一、公私分明、为民服务、廉洁从政的理念。坚持德才兼备、以德为先、五湖四海、任人唯贤,落实新时代好干部标准;在领导干部中深入开展理想信念教育、党性党风党纪教育、廉政教育,使领导干部牢固树立正确的世界观、权力观、事业观。

汲取以法促廉、重典治吏的思想营养,加强法治建设,运用法治思维和法治方式正风肃纪反腐

中国历代政治家、思想家均主张廉政先要廉吏、治国先要治吏。历来强调"德""法"并治,以"德"为主的治国理念。同时强调依法惩贪是治吏的切实手段,是保持廉洁政治的有力举措。夏、商、周时期就已产生了惩治官吏腐败的法律制度。"凡君国之重器,莫重于令。"管子认为,法乃天下之大道,主张以法治国。法家明确强调"法"的重要作用,李悝、商鞅等提倡法治,韩非集法家学说之大成,将"法""术""势"结合在一起,倡导"依法治国",提出"奉法者强则国强,奉法者弱则国弱"。同时,历代在强调以法治国、治吏、惩贪,对贪官污吏严厉惩办之余,也注重对廉吏的褒奖与重用,树立了诸多廉洁典范。

党的十八大以来,以习近平同志为核心的党中央以"得罪千百人、不负十四亿"的使命担当,开展了史无前例的反腐败斗争,明确"要善于用法治思维和法治方式反对腐败,加强反腐败国家立法,加强反腐倡廉党内法规制度建设,让法律制度刚性运行"。我们要汲取中华传统廉洁思想营养,大力加强对公职人员的法治教育和纪律教育,培育其遵纪守法意识,同时要树立新时代领导干部廉政勤政、奉公守法典型;大力加强普法宣传教育,在全社会持之以恒进行法治文化的宣传教育,形成知荣辱、尚法治、作奉献、促和谐的良好风尚。

汲取尚俭戒奢、勤俭持家的思想营养,加强家风建设,以清廉家风涵养党风政风

中华民族自古以来就有勤俭节约的传统美德,俭乃立身之本,持家之宝,更是兴邦之道。节俭对个人、家庭乃至国家都起着至关重要的作用。《尚书》中载:"克勤于邦,克俭于家。"以俭养廉,俭作为廉的基础和前提,为古人所推崇。春秋时鲁国人御孙说"俭,德之共也;侈,恶之大也"。《老子》指出"圣人去甚,去奢,去泰"。儒家提倡"节用以礼""节用而爱人"。诸葛亮说:"夫君子之行,静以修身,俭以养德,非淡泊无以明志,非宁静无以致远。"明代宋濂在《元史》中提出"非俭无以养廉,非廉无以养德"。勤俭持家历来是家族永续的生存之道。北宋李邦献提出"为政之要,曰公与清;成家之道,曰俭与勤"。历代家训均将尚俭戒奢、勤俭持家作为重要内容,对教育家庭成员、后辈子孙发挥着重要作用,南宋诗人陆游在《放翁家训》中提到"天下之事,常成于困约,而败于奢靡",曾国藩在家书中告诫家人:"勤苦俭约,未有不兴。骄奢倦怠,未有不败。"

家庭不只是人们身体的住处，更是人们心灵的归宿。家风好，就能家道兴盛、和顺美满；家风差，难免殃及子孙、贻害社会。领导干部的家风不是个人小事、家庭私事，而是领导干部作风的重要表现，是社会风气的重要组成部分。领导干部要把家风建设摆在重要位置，廉洁修身、廉洁齐家，做家风建设的表率。加强领导干部家风建设，是坚持不懈把全面从严治党向纵深推进的现实需要。领导干部要努力成为全社会的道德楷模，带头践行社会主义核心价值观，讲党性、重品行、作表率，带头注重家庭、家教、家风，保持共产党人的高尚品格和廉洁操守，以实际行动带动全社会崇德向善、尊法守法。

《光明日报》2024年11月20日第6版

党史上的廉洁纪律建设

严哲文　陈　坚

反对腐败、建设廉洁政治，保持党的肌体健康，是我们党一贯坚持的鲜明政治立场。百余年来，中国共产党勇于自我革命，坚持反腐倡廉，走出一条颇具特色的廉洁纪律建设之路，积累了宝贵的历史经验。

坚决清洗贪污腐化分子

我们党成立之初，就旗帜鲜明反对腐败，倡导清廉政治，对党员的廉洁方面提出专门要求，如果违反就要被坚决清除出党的队伍。北伐战争期间，随着党员队伍的迅速壮大，党内一些不正之风有所滋长。为此，1926年8月党中央向全党发出关于坚决清洗贪污腐化分子的通告，要求对党员进行审查，混入革命队伍投机的腐败分子一经发现，务必"洗刷出党"，为纯洁党的队伍发挥了重要作用。中华苏维埃共和国临时中央政府成立后，非常注重廉洁纪律建设，严惩腐败分子。1932年5月，瑞金县苏维埃裁判部公审判处叶坪村苏维埃政府原主席谢步升死刑，打响了中华苏维埃共和国反腐败的第一枪。1933年，中华苏维埃共和国的《红色中华》报发表了毛泽东、项英关于反腐败的训令和指示，要求对党内人员贪污公款、浪费公款等腐败行为，按照情节严重程度给予相应的惩罚。1932年2月至1934年10月，中央机关贪污分子、包庇贪污和官僚主义者被法庭制裁、受到各种处分的就有46人。

从中央苏区转移到延安后，党中央对于一切假公济私、耍私情的工作人员，不论职务多高、功劳多大、党龄多长，都"必须给以无情的打击或切实的纠正"。陕甘宁边区一税务分局局长肖玉璧，利用职务之便贪污3050元，被依法处以死刑。《解放日报》发文指出："在'廉洁政治'的地面上，不容许有一个'肖玉璧'式的莠草生长！有了，就拔掉它！"

改革开放后，腐败问题出现了新的滋生蔓延的土壤和条件。邓小平深刻指出，对于腐败和犯罪，如果不采取坚决措施，"党和国家确实要发生会不会'改变面貌'的问题"。为纠正党内不正之风，中央纪委以打击走私、套汇、贪污受贿等严重经济犯罪活动为重点，严厉惩治腐败行为和特权现象。随着市场经济逐步发展，等价交换的市场原则也侵入党内政治生活，针对以权谋私、徇私舞弊、贪污贿赂等腐败现象，党中央加大反腐败斗争力度，严厉查处成克杰、胡长清等大案要案，有力遏制腐败蔓延的势头。

党的十八大以来，以习近平同志为核心的党中央以重拳反腐为全面从严治党破局，以刀刃向内的勇气推进党的自我革命，坚决纠治"四风"，以猛药去疴的决心、刮骨疗毒的勇气惩治腐败，严肃查处一大批高级干部严重违纪违法问题，再次宣示反腐倡廉的立场、决心，反腐败斗争取得压倒性胜利并全面巩固，保证了党和国家事业取得历史性成就、发生历史性变革。

重视廉洁教育防患于未然

廉洁教育是推动廉洁纪律建设的基础性工程。正所谓"上医治未病"，廉洁教育的意义在于惩戒于已然、防患于未然。早在土地革命时期，中央苏区政府就非常注重通过培训、学习检讨、揭批审判等方式对党员进行廉洁教育。针对多数党员文化水平不高的实际，人民委员会通过举办培训班的形式加强对县级及其以下的苏维埃政府基层干部的教育，尤其重视对他们进行廉洁教育。当时创办的《红色中华》等报刊，以"红板"专栏刊登奉公廉洁的优秀党员和先进事迹，并以"反贪污浪费"专栏批评贪污、腐败和浪费等现象，以此净化党员干部的思想灵魂，抵挡升官发财的诱惑，保持共产党人清正廉洁的政治本色，锻造出"自带干粮去办公"的苏区干部好作风。抗战时期，作为八路军总指挥的朱德，为了接济川中老母，给旧友写信求援，声称自己"数十年实无一钱，即将来亦如是"，体现了党和军队领导人的极度廉洁，这对广大官兵和人民群众无疑也是最好的教育。

新中国成立后，中国共产党成为全国范围的执政党，党的廉洁纪律建设面临新的考验。面对权力和诱惑，部分党员干部逐渐走向腐化堕落。最典型的就是刘青山、张子善贪污案。刘张二人以功臣自居，经不住诱惑，滑入了腐化享乐的泥潭。为了警示教育党员领导干部，以挽救更多犯有各种不同程度错误的干部，1952年2月，河北省人民法院判处刘张二人死刑，在当时产生了极大的震慑作用。

改革开放后尤其是党的十八大以来，面对复杂多变的国内外形势，廉洁纪律建设的任务更加艰巨。习近平总书记强调，要加强警示教育，让广大党员、干部受警醒、明底线、知敬畏。在以习近平同志为核心的党中央坚强领导下，全党上下深入开展党性党风党纪教育，传承党的光荣传统和优良作风，激发共产党员崇高理想追求，引导形成"把以权谋私、贪污腐败看成是极大的耻辱"的价值观；倡导领导干部注重家庭家教家风，督促领导干部从严管好亲属子女；积极宣传廉洁理念、廉洁典型，营造崇廉拒腐的良好风尚。所有这些，为推进全面从严治党向纵深发展提供了重要支撑。

完善法规制度夯实纪律根基

100多年来，我们党注重通过完善法规制度，为推动廉洁纪律建设夯实根基。党的一大制定的《中国共产党第一个纲领》指出："地方委员会的财务、活动和政策，应受中央执行委员会的监督。"二大党章也指出："本党一切经费收支，均由中央执行委员会支配之。"这些规定表明，党中央加强对经费收支的管控，从制度上避免出现党组织或个人随意使用党的经费的现象。1923年4月，安源路矿工人俱乐部颁布《经济委员会简章》，规定一切经济出入和账簿经由审查部审查，并公开账本接受俱乐部人员监督。进入土地革命时期，中央苏区政府十分重视制度反腐，以确保苏区干部廉洁自律。

永葆清正廉洁的政治本色

1933年12月，中央苏区发布《关于中央执行委员会第二十六号训令——惩治贪污浪费行为》，为贪污浪费行为制定具体的量刑标准。这是党成立后颁布的第一部反腐法令，奠定了党的廉政建设和反腐败斗争的法规基础。

延安时期，陕甘宁边区政府制定了多部关于惩治腐败、保证干部清廉的制度法规。1938年8月，陕甘宁边区政府制定《陕甘宁边区政府惩治贪污暂行条例》，规定了以贪污论罪的10种行为和4个处罚量刑标准。其中将克扣截留财物、挪用公款、虚报账目、浪费公物等均列为贪污犯罪行为；对贪污数目100元以下者处一年以下有期徒刑或苦役，500元以上者处死刑或五年以上有期徒刑。此后，又陆续颁布《陕甘宁边区惩治贪污条例（草案）》《陕甘宁边区政务人员公约》《陕甘宁边区政务人员交代条例》，进一步明确了贪腐行为、惩处原则、惩处依据、惩处标准等，为加强廉洁建设提供了制度依据。

改革开放后尤其是党的十八大以来，党中央统筹推进反腐败党内法规和国家立法一体化建设，有序推进依规治党与依法治国，深入推进全面从严治党，修订、出台《领导干部报告个人有关事项规定》《中国共产党廉洁自律准则》《中国共产党纪律处分条例》等，颁布实施《中华人民共和国监察法》《中华人民共和国公职人员政务处分法》等，逐步构建起内容科学、程序严密、配套完备、运行有效的法规制度体系，为新时代的反腐败斗争提供了重要遵循。

《学习时报》2024年5月10日第5版

加强廉洁文化建设 夯实廉政思想根基

刘凯鹏

反对腐败、建设廉洁政治，是我们党一贯坚持的鲜明政治立场，是党自我革命必须长期抓好的重大政治任务。党的二十大报告要求"加强新时代廉洁文化建设，教育引导广大党员、干部增强不想腐的自觉"。党的二十届三中全会和二十届中央纪委二次、三次全会都对加强新时代廉洁文化建设作出重要部署。我们要深刻认识加强新时代廉洁文化建设的重大意义、丰富内涵和实践要求，更加注重正本清源、固本培元，筑牢拒腐防变的思想道德防线，培育风清气正的政治生态，涵养求真务实、团结奋斗的时代新风，为推动党风廉政建设不断向纵深发展打下坚实思想文化基础。

充分认识加强新时代廉洁文化建设的重大意义

党的十八大以来，以习近平同志为核心的党中央坚定不移推进党风廉政建设和反腐败斗争，坚决清除一切损害党的先进性和纯洁性的因素，清除一切侵蚀党的健康肌体的病毒，反腐败斗争取得压倒性胜利并全面巩固，消除了党、国家、军队内部存在的严重隐患，党在革命性锻造中更加坚强。习近平总书记多次强调，要夯实党员干部廉洁从政的思想道德基础，营造崇廉拒腐的良好风尚。加强新时代廉洁文化建设，对于教育引导广大党员干部坚守理想信念、牢记初心使命、增强抵腐定力、保持纯洁本色，具有十分重要的意义。

加强廉洁文化建设是坚守党的性质宗旨的必然要求。我们党是始终代表最广大人民根本利益的马克思主义政党，党的性质宗旨决定了我们党除了国家、民族、人民的利益，没有任何自己的特殊利益，也从来不代表任何利益集团、任何权势团体、任何特权阶层的利益。所有腐败现象，本质上都是运用职务职权和影响力为个人或小团体谋取私利，自然也都同党的性质宗旨格格不入。习近平总书记指出："我们入了党，就认定了马克思主义，认定了社会主义和共产主义，认定了全心全意为人民服务的宗旨。坚守这份理想信念，是拒腐防变的思想根基。"革命战争年代，党员干部经常受到血与火的洗礼，理想信念经过反复锤炼，普遍能够自觉抵制各种消极腐败现象。现在，许多党员干部没有经历过生死考验，缺乏严峻斗争和艰苦环境的磨砺，容易追求安逸享乐而意志消沉、不思进取，容易在糖衣炮弹面前失守变质、腐化沉沦。加强廉洁文化建设，对于增强党员干部党性意识、宗旨意识，夯实不忘初心、牢记使命的思想根基，守牢清正廉洁的政治底线，具有十分重要的意义。

加强廉洁文化建设是塑造风清气正政治生态的重要方面。历史和现实都告诉我们，为政者能否清廉自守同所处的从政环境密切相关。营造一个良好的从政环境，也就是要有一个好的政治生态。政治生态好，就会正气充盈；政治生态不好，就会邪气横生。领导干部是公权力的行使者，公共资源的分配者，如果身边的政治生态出现问题，就容易受到不良风气侵蚀，"如入鲍鱼之肆，久而不闻其臭"，逐步滑入违法犯罪的深渊。加强廉洁文化建设，大力弘扬忠诚老实、公道正派、艰苦奋斗、清正廉洁的价值观，有助于引导党员干部旗帜鲜明抵制和反对关系学、厚黑学、官场术、"潜规则"等庸俗腐朽的政治文化，营造风清气正的政治生态。

加强廉洁文化建设是一体推进"三不腐"的基础性工程。坚持系统观念、综合施治，一体推进不敢腐、不能腐、不想腐，是新时代党风廉政建设和反腐败斗争的突出特点。不敢腐、不能腐、不想腐是相互依存、相互促进的有机整体，"不敢"是前提，"不能"是关键，"不想"是根本。如果做不到"不想"，"不敢"的震慑就会打折扣，"不能"的防线就有被突破的危险。习近平总书记指出："我们强调的不想腐，侧重于教育和引导，着眼于产生问题的深层次原因，对症下药、综合施策，让人从思想源头上消除贪腐之念。"加强廉洁文化建设，有助于党员干部在思想深处不断进行检视、剖析、反思，不断去杂质、除病毒、防污染，把"外在的纪律"内化为"自觉的纪律"，真正做到公正用权、依法用权、为民用权、廉洁用权。

开展廉洁文化建设具有深厚的文化基础

中国共产党自成立之初,就牢牢确立起对廉洁政治的价值追求。一百多年来,我们党坚守无产阶级政党革命本色,把马克思主义廉洁政治观同中华优秀传统文化相结合,实现对中国古代廉政文化的创造性转化和创新性发展,为新时代党风廉政建设奠定了坚实文化基础。

党的革命文化中蕴含着宝贵廉政资源。我们党领导人民进行革命建设改革,推进伟大社会革命的历史,也是党不断自我净化、自我完善、自我革新、自我提高,实现伟大自我革命的历史。党始终高度重视自身廉洁建设,将清正廉洁作为共产党人的基本准则。1926年8月,党中央发出关于坚决清洗贪污腐化分子的通告,这是党的历史上第一个惩治贪污腐败的文件。中央苏区时期,设立了工农检察部,督促各级机关积极开展工作、肃清腐化贪污等行为。1941年5月,《陕甘宁边区施政纲领》明确规定:"厉行廉洁政治,严惩公务人员之贪污行为,禁止任何公务人员假公济私之行为,共产党员有犯法者从重治罪。"针对新的历史环境下贪污、浪费和官僚主义等现象,我们党及时果断开展了"三反""五反"和整党等运动,严肃查处了刘青山、张子善案件,对防止腐败现象滋长蔓延起到了强烈震慑作用。面对市场经济条件下的新情况新挑战,我们党围绕经济建设这个中心,把反腐败同改革、发展、稳定有机结合起来……在准确把握新形势新任务中,我们党不断深化对党风廉政建设和反腐败斗争的长期性、复杂性、艰巨性的认识,始终把党风廉政建设和反腐败斗争放在突出位置来抓。持之以恒抓廉政建设,使我们党形成了崇廉尚廉的党内文化,涌现出许多感人至深的廉洁事迹,教育和影响了一代又一代人。第五次反"围剿"失利后,时任江西省苏维埃政府主席刘启耀背着金条乞讨数年寻找党组织,不动用分毫党的经费;周恩来同志用"十条家规"告诫进京做事的亲属"完全做一个普通人";焦裕禄不让孩子"看白戏",将票款如数交给戏院;杨善洲赶一百里夜路,也要给群众补交两角饭钱;等等。老一辈共产党人的廉洁作风、廉洁精神,永远不会过时,永远要发扬光大,是新时代廉洁文化建设必须坚守的价值追求。

中华优秀传统文化中具有丰富的廉政思想。中华文化自古以来就倡导廉洁政治,修身立德、崇廉尚俭、戒贪戒腐是对为政者最基本的道德要求。早在先秦时期,我们的祖先就有为政以廉的劝诫。《尚书》提倡"简而廉"。《礼记》提出"廉以立志"。管子认为礼、义、廉、耻是国之四维,"四维不张,国乃灭亡"。晏子提出,"廉者,政之本也"。老子《道德经》讲,"祸莫大于不知足,咎莫大于欲得"。孔子把"欲而不贪"作为为政的必备条件,指出"其身正,不令而行;其身不正,虽令不从",强调为政者要起到表率作用。韩非子提出,"修身洁白而行公行正,居官无私,人臣之公义也;污行从欲,安身利家,人臣之私心也"。先秦以降,历朝历代有作为的统治者,出于维护封建统治的需要,都会对官吏提出廉洁要求。士大夫阶层尤其以廉洁为政德之要,留下许多引人深思的警句。宋朝吕本中在《官箴》中说:"当官之法,惟有三事,曰清、曰慎、曰勤。"明代理学家薛瑄在《从政录》中将清廉自守分为三种境界:"见理明而不妄取,无所为而然,上也。尚名节而不苟取,狷介之士,其次也；畏法律、保禄位而不敢取，则勉强而然，为下也。"清代张伯行留下著名的《却赠檄文》："一丝一粒，我之名节；一厘一毫，民之脂膏。宽一分，民受赐不止一分；取一文，我为人不值一文。"这些思想具有历史进步意义，展现出穿越时空的永恒价值，为新时代推进廉洁文化建设提供了重要思想源泉。

清正廉洁是当今社会共同的价值追求。人民群众痛恨腐败现象，拥护党中央正风肃纪、铁腕反腐、激浊扬清。如果不能有效遏制腐败现象，不但会严重破坏社会公平正义，严重损害人民群众切身利益，也会严重影响党和政府的形象。近年来，我们党在深入推进党风廉政建设和反腐败斗争的过程中，在廉洁文化建设方面采取了许多创新性举措，受到社会各界高度关注、起到良好效果。归根到底就是因为反腐倡廉是中国社会的主流价值。人民群众对清风正气、清廉政治的共同向往和追求，为新时代廉洁文化建设营造了良好社会氛围。

以廉洁文化建设为推进全面从严治党向纵深发展提供重要支撑

深入推进全面从严治党，必须坚持标本兼治，加大治本的工作力度。加强廉洁文化建设，发挥廉洁教育基础作用，从思想上固本培元，从源头上有效预防腐败，是治本的重要内容。我们必须站在勇于自我革命、保持党的先进性和纯洁性的高度，把加强廉洁文化建设抓紧抓实抓好，为推进全面从严治党向纵深发展提供有力支撑，推动实现干部清正、政府清廉、政治清明、社会清朗。

强化理论武装，筑牢思想防线。理论上坚定清醒是思想政治上坚定清醒的前提。在纷繁复杂的社会现实和形形色色的利益诱惑面前，领导干部要炼就"金刚不坏之身"，就必须用科学理论武装头脑，不断厚植自己的精神家园。马克思主义经典作家奠定了无产阶级政党自身建设的理论基础。党的历史上对党风廉政建设进行了深入理论探索。习近平新时代中国特色社会主义思想，不仅包含着治国理政、管党治党的重要思想，也贯穿着对中国共产党人政治品格、价值追求、精神境界、作风操守的要求。这些都是我们开展廉洁文化建设的宝贵理论资源。要坚持思想建党、理论强党，加强对马克思主义理论的学习，特别是要深入学习习近平新时代中国特色社会主义思想，运用党的科学理论检视自身思想作风和精神状态，牢固树立正确的世界观、人生观、价值观和权力观、政绩观、事业观，使自己的精神世界正气充盈，铸牢清正廉洁的思想之魂。

坚定理想信念，增强抵腐定力。坚定理想信念，坚守共产党员精神追求，是共产党人安身立命的根本。理想信念滑坡，精神上"缺钙"，就会得"软骨病"，从而丧失党性立场，经不住权力、金钱、美色的考验。这些年查处的众多腐败案件告诉我们，那些蜕变分子、腐败分子之所以走上歧途、走上不归路，无不是从理想信念发生动摇开始的。开展廉洁文化建设，必须把坚定理想信念作为首要任务，教育引导全党牢记共产主义远大理想和中国特色社会主义共同理想，牢记全心全意为人民服务的根本宗旨，挺起共产党员的精神脊梁，这样才会有强大的免疫力和抵抗力，才能防止歪风邪气附体。要把理想信念教育作为必修课、常修课，充分利用好党史上的各种红色资源、廉政资源，引导党员干部不忘初心、牢记使命，大力发扬红色传统、传承红色基因，始终保持共产党人清正廉洁的政治本色。

赓续文化传承，坚持道德操守。文化浸润人心、启迪心灵，是引领风尚、教育人民的重要载体。廉洁理念熔铸于中华民族传承数千年的价值观念之中，是全民族共同的道德规范和道德基础。推进新时代廉洁文化建设，必须坚定文化自信和历史自信，不断从中华优秀传统文化中汲取廉洁思想、廉洁理念、廉洁价值，涵养克己奉公、清廉自守的精神境界。要积极借鉴我国历史上反腐倡廉的宝贵遗产，充分挖掘历史文献、文化经典、文物古迹中的廉洁思想，系统整理古圣先贤、清官廉吏的嘉言懿行，梳理总结古代廉政建设形成的规律性认识和制度性成果，不断丰富发展中华廉政文化的思想内涵和时代价值，使之与党内政治生活、政治文化、社会主义法治文化相融相通，成为党员干部的思想共识和价值追求。

弘扬清风正气，引领社会风尚。党的作风是党的形象，关系人心向背，关系党的生死存亡。如果不注重作风建设，听任不正之风侵蚀党的肌体，党就有失去民心、丧失政权的危险。要把廉洁文化建设同党的作风建设紧密联系起来，加强思想教育，狠抓风气养成，推动形成风清气正的政治生态。党员干部的家风直接影响党风、政风。领导干部要把家风建设作为践行廉洁文化的重要内容，在管好自己的同时，严格要求亲属子女和身边工作人员，坚决反对以权谋私、反对特权现象，真正做到廉洁修身、廉洁齐家。党风、政风和社风、民风相互联系、相互影响。要大力弘扬社会主义核心价值观，把实践中比较成熟、可践行的廉洁要求转化为制度规范，与乡规民约、行业规章、团体章程等相结合，发挥教化、指引和规范作用，在全社会共同形成廉荣贪耻、向上向善的良好氛围。

加强制度建设，形成长效机制。坚持思想建党和制度治党同向发力，是新时代全面从严治党的一条重要经验。推进新时代廉洁文化建设，既要靠党员干部的自我修养和自觉行动，又要建立有效管用的制度机制。要坚持抓在日常、融入经常，充分利用理论学习中心组学习、"三会一课"、主题党日等形式，广泛开展廉洁文化教育，激发共产党员高尚道德追求。要把政德教育作为干部教育的重要内容，在课程体系中增加革命文化、中国古代廉政文化等相关内容，帮助领导干部明是非、辨真伪，养正气、祛邪气。要把廉洁文化内涵融入法律法规和党纪之中，使遵守党纪国法的过程成为自觉守廉、护廉、倡廉的过程。要充分利用媒体资源，积极宣传廉洁理念、廉洁人物、廉洁故事，使廉洁价值深入人心，让每一个公民都成为清廉社会的营造者和维护者。

《中国纪检监察报》2024年12月19日第5版

学术圆桌

把全面从严治党作为党的永恒课题

孔凡义

2023年1月，习近平总书记在二十届中央纪委二次全会上发表重要讲话，深刻分析大党独有难题的形成原因、主要表现和破解之道，深刻阐述健全全面从严治党体系的目标任务、实践要求，对坚定不移深入推进全面从严治党作出战略部署，指出："全面从严治党永远在路上，要时刻保持解决大党独有难题的清醒和坚定……如何始终能够及时发现和解决自身存在的问题，如何始终保持风清气正的政治生态，都是我们这个大党必须解决的独有难题。""反腐败斗争形势依然严峻复杂，遏制增量、清除存量的任务依然艰巨。"回顾党史、新中国史、改革开放史、社会主义发展史，中国共产党正是通过不断地自我革命使党转危为安、化危为机、由弱变强。勇于自我革命是中国共产党区别于其他政党的显著标志，是百年大党风华正茂的基因密码。党的二十大报告指出："坚决打赢反腐败斗争攻坚战持久战。腐败是危害党的生命力和战斗力的最大毒瘤，反腐败是最彻底的自我革命。"如何从学理上正确理解"反腐败是最彻底的自我革命"这一科学论断，是摆在全党面前的一个重大课题。

新时代反腐败斗争致力于对马克思主义政党品质的彻底淬炼

马克思主义政党具有彻底的革命性，是为"彻底的革命、普遍的人的解放"而生，"必须推翻使人成为被侮辱、被奴役、被遗弃和被蔑视的东西的一切关系"，消灭阶级、消灭剥削，最终实现人的自由而全面的发展。人民性是马克思主义的本质属性，《共产党宣言》指出："共产党人不是同其他工人政党相对立的特殊政党。他们没有任何同整个无产阶级的利益不同的利益。他们不提出任何特殊的原则，用以塑造无产阶级的运动。"毛泽东同志指出："共产党员无论何时何地都不应以个人利益放在第一位，而应以个人利益服从于民族的和人民群众的利益。"马克思主义政党把全心全意为人民服务作为自己的根本宗旨。一切不利于、有损于人民利益的现象都是马克思主义政党需要彻底消灭的对象。党的理论是来自人民、为了人民、造福人民的理论，人民的创造性实践是理论创新的不竭源泉。"理论只要说服人，就能掌握群众；而理论只要彻底，就能说服人。所谓彻底，就是抓住事物的根本，而人的根本就是人本身。"马克思主义政党以辩证唯物主义和历史唯物主义为指导，正视自身存在的问题和不足，以自我革命和与一切腐朽势力彻底决裂的勇气致力于建设"自由人的联合体"。马克思主义政党的彻底革命性、理论性、人民性决定了我们党与腐败水火不容。

在新时代反腐败斗争中，全体党员的党性坚守、干部的忠诚廉洁、党的马克思主义品质和自我革命品格都得到彻底淬炼。新时代反腐败斗争，一方面在自我革命中不断地推动社会革命，另一方面在社会革命中不断地推进自我革命。马克思主义政党彻底的革命性在新时代反腐败斗争中得到了进一步继承和发扬。我们党通过反腐败斗争坚决清除一切损害党的先进性和纯洁性的因素，清除一切侵蚀党的健康肌体的病毒。经过不懈努力，党找到了自我革命这一跳出治乱兴衰历史周期率的第二个答案，自我净化、自我完善、自我革新、自我提高能力显著增强，确保党永远不变质、不变色、不变味。在党的二十大报告中，习近平总书记指出："以零容忍态度反腐惩恶，更加有力遏制增量，更加有效清除存量，坚决查处政治问题和经济问题交织的腐败，坚决防止领导干部成为利益集团和权势团体的代言人、代理人，坚决治理政商勾连破坏政治生态和经济发展环境问题，决不姑息。"这昭示着党全心全意为人民服务的根本宗旨，除了人民利益之外没有自己特殊的利益、与不利于或有损于人民利益的腐败势力作坚决斗争，时刻保持解决大党独有难题的清醒和坚定。在新时代反腐败斗争中，我们党站在政治、历史、哲学、文化的高度来分析和认识腐败问题，对反腐败斗争保持清醒头脑，理性制定科学战略。以辩证唯物主义和历史唯物主义为指导，既反对"反腐速胜论""适度反腐论"，也反对"反腐无用论""反腐亡党论"，坚决打赢反腐败斗争攻坚战持久战。

新时代反腐败斗争致力于对党的组织肌体的彻底净化

通过对党组织肌体的彻底净化实现自我革命是马克思主义政党的优良传统和有益经验。正如列宁所言:"徒有其名的党员,就是白给,我们也不要。世界上只有我们这样的执政党,即革命工人阶级的党,才不追求党员数量的增加,而注意党员质量的提高和清洗'混进党里来的人'。"对党组织肌体的彻底净化才能保证马克思主义政党的纯洁性。在革命战争年代,中国共产党面临着投机分子和腐败分子双重破坏,只有对党组织肌体的彻底净化才能够保证党组织的安全,才能在残酷的革命斗争中取得胜利。毛泽东同志指出:"在这个时期内一部分共产党员被资产阶级所腐化,在党员中发生资本主义的思想,是可能的,我们必须和这种党内的腐化思想作斗争"。在革命战争年代,我们党通过整风整党把"混进党里来的人"和投机分子清除出去,保持"共产党员的共产主义的纯洁性",是我们党不断取得胜利的重要保障和法宝。在长期革命和战争中,枪林弹雨和腥风血雨是考验党员干部纯洁性的试金石。严酷的革命环境和激烈的斗争形势有助于我们把党内的投机分子和腐败分子辨别出来。

在党的二十大报告中，习近平总书记告诫全党同志："务必不忘初心、牢记使命，务必谦虚谨慎、艰苦奋斗，务必敢于斗争、善于斗争，坚定历史自信，增强历史主动，谱写新时代中国特色社会主义更加绚丽的华章。"这是深刻警醒全党同志永葆党的先进性和纯洁性的总动员。当前，我国发展进入战略机遇和风险挑战并存、不确定难预料因素增多的时期，党员干部面临着"糖衣炮弹"腐蚀、组织纪律涣散、敌对意识形态渗透等多重风险。在和平发展时期，一些欺骗性、模糊性和隐蔽性的腐败分子、投机分子和动摇分子不容易被辨别出来。只有通过最严厉的、最坚决的、最持久的反腐败斗争才能清除腐化变质的害群之马、阳奉阴违的两面人、不忠诚不老实的两面派、黑恶势力保护伞，持续大力"打虎""拍蝇""猎狐"，深挖影子腐败、隐性腐败、政治腐败，我们才能彻底清除损害党的先进性和纯洁性的因素，彻底清除侵蚀党的健康肌体的病毒。

我们党的反腐败斗争不仅要惩处腐化堕落的党员干部个体，实现党组织成员的彻底净化，建设堪当民族复兴重任的高素质干部队伍，而且要坚定不移全面从严治党，增强党组织政治功能和组织功能。坚定政治信仰，清除攫取国家和人民利益、侵蚀党的执政根基、动摇社会主义国家政权的政治团伙、小圈子、利益集团，更要严肃党的组织纪律、严格党的组织制度、规范党的组织行为、严明党的组织生活。新时代反腐败斗争是对党员领导干部、党的组织肌体的自我革新、自我整肃，是对全体党员干部和整体党组织的全面检阅和彻底净化。

新时代反腐败斗争致力于对滋生腐败土壤的彻底清除

腐败的产生既有来自党内的因素也有党外的因素，既有国内的因素也有国外的因素。思想不纯、政治不纯、组织不纯、作风不纯等是个别干部不收敛、不收手，心存侥幸、顶风作案的深层次心理因素。拜金主义、享乐主义、个人主义等错误思想、腐朽观念是权钱交易、权权交易、行贿受贿、不忠诚不老实、拉帮结派的思想根源。特权思想、"官本位"的封建意识、"封妻荫子"的思想陋习是公款腐败、享乐腐败的腐朽文化根基。不正之风、纲纪松弛是滋生腐败问题的土壤，是党员干部腐败堕落的温床。腐败也是不法分子、不法企业"围猎""捕获"党员干部的结果。一些不法商人专于"围猎"、精于贿赂，他们通过"雅贿"、期权变现、影子公司、海外洗钱、委托理财等各种隐蔽的方式腐蚀、"诱捕"党员干部。一些不法企业有组织、有预谋、分层级拉拢腐蚀党员干部，通过引诱、设陷阱等各种方式把党员干部带入万劫不复的深渊，在党员干部周围营造不良社会生态。在国外，因为政治法律制度的差异，为腐败分子逃逸、藏匿提供了空间。

党的二十大报告指出："只要存在腐败问题产生的土壤和条件，反腐败斗争就一刻不能停，必须永远吹冲锋号。"新时代反腐败斗争通过纪检监察体制改革、党内法规建设、政治巡视来根除党内的歪风邪气，达到了整纲肃纪的震慑效果；探索建立行贿人名单制度，斩断"围猎"与甘于被"围猎"的利益链条，对"围猎者"进行惩戒，对不法分子、不法企业进行查处；坚持行贿受贿一起查，"围猎"和"被围猎"一起惩，党风社风一起抓。在国际反腐败合作上，建立中央反腐败协调小组国际追逃追赃工作机制，把反腐败国际合作纳入外交工作格局和元首外交议题，缔结引渡条约、司法协助条约，封住了腐败分子外逃道路。新时代反腐败斗争以彻底的自我革命推动伟大社会革命，以党风政风引领社风民风，统筹国内查办惩治与国际追逃防逃追赃两个机制，在党内党外营造了风清气正的政治生态。

新时代反腐败斗争致力于对党的自我革命精神的彻底体现

勇于自我革命是党百年奋斗培育的鲜明品格，也是党最大的优势。在百年奋斗历程中，党领导人民取得一个又一个伟大成就、战胜一个又一个艰难险阻，历经千锤百炼仍朝气蓬勃，得到人民群众支持和拥护，一个重要原因就在于党敢于直面自身存在的问题，勇于自我革命，始终保持先进性和纯洁性，不断增强创造力、凝聚力、战斗力，永葆马克思主义政党本色。新时代反腐败斗争中党以彻底的自我革命精神检视自身，以前所未有的勇气、以"不畏浮云遮望眼"的战略定力，推进反腐败斗争攻坚战持久战。

新时代反腐败斗争是我们党自我革命精神的彻底呈现，刀刃向内、刮骨疗毒展现了党自我革命的强大勇气和雄伟胆识；猛药去疴、重典治乱、壮士断腕体现出党自我革命精神中的坚强决心和责任担当；反腐败斗争攻坚战持久战体现坚韧和执着的自我革命精神。在新时代反腐败斗争中，党发出的谁也没有免罪的"丹书铁券"、谁也不是"铁帽子王"的政治誓言表明自我革命的彻底性达到前所未有的高度。一体推进"三不腐"的科学战略为彻底的自我革命提供了有效路径和方法论。党的十八大以来，我们党以零容忍态度惩治腐败，坚决惩治群众身边的腐败。党的二十大新闻中心举行的记者招待会上有这样一组数据：党的十八大以来，全国纪检监察机关共立案 464.8 万余件。党的十九大以来，纪检监察机关查处涉嫌贪污贿赂犯罪 7.4 万多人，其中首次贪腐行为发生在党的十八大前的，占 48%，首次贪腐行为发生在党的十九大后的，占 11.1%。这就表明，不收敛、不收手的问题得到有力遏制。在高压政策和政策感召下，党的十九大至二十大五年间共有 8 万多人向纪检监察机关主动投案。新时代反腐败斗争以史所罕见的决心意志、世所罕见的力度强度深度、前所未有的科学有效战略、立竿见影的震慑效果充分证明新时代反腐败斗争是一场最彻底的自我革命。

《人民论坛》2023 年第 2 期

以学正风　廉洁奉公显本色

孙　林　郝永平

党的作风是党的各级组织和党员干部体现党性原则的态度和行为，包括文风、会风、学风、调研之风等。作风问题关系人心向背，关系党的生死存亡。以学正风，就是要学深悟透习近平新时代中国特色社会主义思想，把学习成果转化为继承和发扬优良作风、反对不良作风的强大动能，不断正风肃纪、激浊扬清、化风成俗，努力实现干部清正、政府清廉、政治清明和社会清朗，以好作风好形象创造新伟业。

确保党不变质,不断在增强纪律意识和规矩意识中践行初心使命

"欲知平直,则必准绳;欲知方圆,则必规矩。"纪律和规矩既是党的性质和宗旨的重要体现,也是作风建设的重要保障和标尺。严明纪律和规矩,增强党员干部纪律意识和规矩意识,是践行初心使命、加强作风建设的必然要求。习近平总书记强调:"要加强对党员、干部特别是领导干部的教育,让大家都明白哪些事能做、哪些事不能做、哪些事该这样做、哪些事该那样做,自觉按原则、按规矩办事。"以学正风,就是要通过学党的创新理论、学党章党规党纪,教育引导广大党员干部进一步增强纪律意识和规矩意识,自觉做到守规矩、知敬畏、明底线、作表率。

进一步增强党章意识。党章是我们党立党、治党、管党的总章程,是全党最基本、最重要、最全面的行为规范,增强纪律意识和规矩意识首先要增强党章意识。习近平总书记指出:"每一个共产党员特别是领导干部都要牢固树立党章意识,自觉用党章规范自己的一言一行,在任何情况下都要做到政治信仰不变、政治立场不移、政治方向不偏。"以学正风,就是要教育引导广大党员干部认真学习习近平总书记关于党章的一系列重要论述,自觉学习党章、

遵守党章、贯彻党章、维护党章,做到经常对照党章规范自己的言行,并敢于和善于同一切违反党章的现象作斗争。

进一步增强政治纪律和政治规矩意识。党的纪律和规矩是多方面的,政治纪律和政治规矩是最重要、最根本、最关键的纪律规矩,是维护党的团结统一的根本保证。习近平总书记强调:"要严格遵守政治纪律和政治规矩,全面执行党内政治生活准则,确保党中央政令畅通,确保局部服从全局,确保各项工作坚持正确政治方向。"以学正风,就是要教育引导广大党员干部认真学习习近平总书记关于严明政治纪律和政治规矩的一系列重要论述,不断提高政治判断力、政治领悟力、政治执行力,进一步深刻领悟"两个确立"的决定性意义,增强"四个意识"、坚定"四个自信"、做到"两个维护",始终在思想上政治上行动上同以习近平同志为核心的党中央保持高度一致,做到心往一处想、劲往一处使,共同把党锻造成一块攻无不克、战无不胜的坚硬钢铁。

进一步严守法纪底线。"千丈之堤,以蝼蚁之穴溃;百尺之室,以突隙之烟焚。"无数案例证明,党员"破法"无不始于"破纪",而"破纪"又无不从所谓小事小节"破窗"开始。习近平总书记强调:"要把坚持底线思维、坚持问题导向贯穿工作始终，做到见微知著、防患于未然。"以学正风，就是要教育引导广大党员干部认真学思想、明底线，把纪律挺在前面，坚持纪严于法、纪在法前，坚决克服"违纪只是小节、违法才去处理"的错误认识。在工作、学习、生活中做到慎独慎初慎微慎友，自觉培养和不断强化自律意识以及自我约束、自我控制能力，常怀律己之心、常修为政之德、常思贪欲之害、常除非分之想，始终做到心有所畏、言有所戒、行有所止，始终筑牢拒腐防变的思想道德防线、严明纪律底线。

确保党不变色，不断在严以用权反对特权思想和特权现象中永葆清正廉洁政治本色

权力任性和滥用是导致腐败的根源，也是滋生各种作风问题的根源，必须严格规范用权，确保红色江山永不变色。习近平总书记指出："严以用权，就是要坚持用权为民，按规则、按制度行使权力，把权力关进制度的笼子里，任何时候都不搞特权、不以权谋私。"以学正风，就是要通过学习习近平总书记关于完善党和国家监督体系、规范与制约权力运行等一系列重要论述，教育引导广大党员干部更加牢固树立正确的权力观、政绩观、事业观，坚决反对各种特权思想和特权现象,做到公正用权、依法用权、为民用权、廉洁用权,推动形成清清爽爽的同志关系、规规矩矩的上下级关系、亲清统一的新型政商关系,当好良好政治生态和社会风气的引领者、营造者、维护者。

进一步推动公正用权。"公则不为私所惑,正则不为邪所媚。"权力是公器,公平正义是行使权力的根本标准。习近平总书记强调:"执政党对资源的支配权力很大,应该有一个权力清单,什么权能用,什么权不能用,什么是公权,什么是私权,要分开,不能公权私用。""为政清廉才能取信于民,秉公用权才能赢得人心,这个道理我们党早就明确提出来了。"以学正风,就是要教育引导广大党员干部牢固树立"公权力姓公,也必须为公"的思想观念,正确行使党和人民赋予的权力,决不能凭私心私利甚至主观好恶行使权力,做到公平不倾斜、公正不护短、公道不藏私,反对任何滥用职权、谋求私利的行为。

进一步推动依法用权。权力具有扩张性、两面性,必须由法纪限定边界,并确保在法治轨道上行使与运用。习近平总书记强调:"要把权力关进制度的笼子里,就是要依法设定权力、规范权力、制约权力、监督权力"。以学正风,就是要教育引导广大党员干部在思想上不断强化"权由法定、权依法使"意识,在行动上严格在法规制度框架下依照法定权限和程序行使权力,做到法定职责必须为、法无授权不可为,并坚决同以言代法、以权压法等现象作斗争。

进一步推动为民用权。"政之所兴在顺民心,政之所废在逆民心。"权为谁所用,历来是权力运行的方向性、根本性问题。习近平总书记强调:"我们的权力是党和人民赋予的,是为党和人民做事用的,姓公不姓私,只能用来为党分忧、为国干事、为民谋利。"以学正风,就是要教育引导广大党员干部始终牢记"权为民所赋,权为民所用",正确行使手中的权力,更好地代表和表达人民群众的利益诉求,解决好人民群众最关心最直接最现实的利益问题特别是急难愁盼问题,不断增强人民群众的获得感、幸福感、安全感。

进一步推动廉洁用权。"公生明,廉生威。"建设廉洁政治,是我们党一贯坚持的政治追求。廉洁用权是建设廉洁政治的必然要求,也是党员干部严以用权的基本要求。习近平总书记强调:"要牢记清廉是福、贪欲是祸的道理,树立正确的权力观、地位观、利益观,任何时候都要稳得住心神、管得住行为、守得住清白。"以学正风,就是要教育引导广大党员干部不断提高思想境界，坚决抵制权力、金钱等诱惑，始终做到心中高悬纪法明镜、手上紧握纪法戒尺，守好廉洁用权底线，堂堂正正做人、干干净净做事、清清白白为官，永葆共产党人清正廉洁的政治本色。

确保党不变味，不断在纠治"四风"中赢得人民群众信任

"风成于上，俗形于下。""四风"是党内各种作风问题的集中体现，为人民群众所深恶痛绝。进入新时代，我们党以作风建设开局破题，以钉钉子精神纠治"四风"，党风政风为之一新，社风民风持续向上向善。但还要看到，"四风"仍树倒根存，要完全根绝并非"一日之功"，反对和纠治"四风"永远在路上。习近平总书记强调："要加固中央八项规定的堤坝，锲而不舍纠'四风'树新风。"以学正风，就是要通过认真学习习近平总书记关于作风建设的一系列重要论述，教育引导广大党员干部进一步认清"四风"之害，坚定反"四风"之志，以永远在路上的坚定和执着持续深化纠治"四风"。

坚持抓常、抓细、抓长。事贵有恒，恒则必利。"四风"问题由来已久、成因复杂，绝非一朝一夕可彻底解决。

纠治"四风"既是攻坚战,更是持久战。习近平总书记强调:"作风建设是永恒课题,要标本兼治,经常抓、见常态,深入抓、见实效,持久抓、见长效,通过立破并举、扶正祛邪,不断巩固和扩大已经取得的成果,努力以优良的党风政风带动全社会风气根本好转。"以学正风,就是要教育引导广大党员干部在纠治"四风"中保持"抓常"的力度、坚持"抓细"的耐心、秉持"抓长"的韧劲,坚持经常抓、抓小抓早,注重长抓不懈、扭住不放、持之以恒、久久为功,以求抓出成效、化风成俗,坚决防止"四风"反弹回潮、卷土重来。

重点纠治形式主义、官僚主义。形式主义的根源是政绩观错位、责任心缺失;官僚主义的根源是官本位思想严重、权力观扭曲。形式主义、官僚主义严重阻碍党的路线方针政策和党中央重大决策部署的贯彻落实,是我们党的大敌、人民的大敌。习近平总书记强调:"要把力戒形式主义、官僚主义作为加强作风建设的重要任务,大力弘扬真抓实干作风,推进工作要实打实、硬碰硬,解决问题要雷厉风行、见底见效,面对难题要敢抓敢管、敢于担责。"以学正风,就是要教育引导广大党员干部着重通过解决工作不实的问题来纠治形式主义,真正把心思用在干事创业上,把功夫下到察实情、出实招、办实事、求实效上；着重通过解决在维护人民群众利益上不担当不作为的问题来纠治官僚主义，真正扑下身子、沉到一线，深入基层、深入群众把脉问诊、解剖麻雀，进行问题梳理、难题排查，认真研究新情况、切实解决新问题。

紧盯"四风"新动向、新表现。当前，"四风"问题在面上得到有力遏制，但一些苗头性、倾向性、隐蔽性问题开始显现，"四风"问题仍然顽固复杂。习近平总书记强调："要坚持不懈纠正'四风'，紧盯'四风'新形式新动向，严肃查处，寸步不让，在坚持中见常态，向制度建设要长效，推动社会风气好转。"以学正风，就是要教育引导广大党员干部深刻认识到"四风"隐的是行为、变的是方式，不变的是其背离初心使命、公权私用的本质。要针对"四风"在不同地区、不同行业、不同部门的新变化，坚持分类施策、标本兼治，精准识别、露头就打、从严查处，让改头换面的"四风"无处遁形。

《党建》2023年第5期

以系统思维纵深推进反腐败斗争

马雪松

党的十八大以来,以习近平同志为核心的党中央从党和国家事业发展的全局出发,作出全面从严治党的战略部署,建立健全党和国家监督体系,一体推进不敢腐、不能腐、不想腐,反腐败斗争取得压倒性胜利并全面巩固。在新的发展阶段,反腐败斗争的环境条件不断变化,党的二十大报告深刻总结了新时代反腐败斗争经验与现实形势,针对坚决打赢反腐败斗争攻坚战持久战作出整体部署。《中央反腐败协调小组工作规划(2023—2027)》全面落实党的二十大精神,围绕未来五年的反腐败任务目标制定具体措施,展现了中国共产党坚持自我革命、自我完善、持之以恒打击腐败的坚定决心。纵深推进反腐败斗争，需要以系统思维把握腐败治理的大格局，凝聚腐败治理的新合力，完善腐败治理的制度体系。

把握腐败治理的大格局

新的历史时期，系统性纵深推进反腐败斗争仍需清醒认识到，反腐败斗争蕴含着延续性与阶段性相统一、局部性与整体性相衔接、经验性与创新性相协调的内在特质。

首先，反腐败斗争蕴含着延续性与阶段性相统一的内在特质，要求在连接过去、现在与未来的过程中把握反腐败斗争的总体规律，探寻特定时间节点上腐败治理的新形势。"党的百年历史，也是我们党不断保持党的先进性和纯洁性，不断防范被瓦解、被腐化的危险的历史。"从革命时期号召坚决清洗贪污腐化分子、惩治贪污浪费行为以及新中国成立前夕"两个务必"的提出，到新中国成立以来纪检监察职能部门相继成立，再到党和国家监督体系全面建立巩固，中国共产党始终将打击贪污腐化作为自身建设的重要任务。以系统思维纵深推进反腐败斗争，需要结合当前新时代中国特色社会主义建设的最新形势，辩证看待腐败治理可能存在的挑战与状况。

其次,反腐败斗争蕴含着局部性与整体性相衔接的内在特质,要求以系统视角看待经济、政治、社会、民生等领域的内在联系以及腐败治理的正面溢出效应。腐败不只是发生于个别领域或特定层次的问题,还会深刻影响经济、政治和社会生活正常运转。公职人员对公共权力的滥用是腐败现象滋生的重要原因,但腐败所导致的不良影响不仅仅局限于政治领域,政治因素和经济因素交织所产生的腐败问题往往会妨碍经济生活的有序运行,影响社会公众对于权力行使的信任,甚至进一步衍生出关联性的经济社会风险。这要求相关部门客观审视腐败现象的局部性与整体性、微观性与宏观性,既重视反腐败斗争的正面溢出效应和正向激励作用,以党的自我革命引领社会革命,又灵活运用纪律、法律、行政、经济等手段处理腐败案件,以点带面震慑违法违纪领导干部。

最后,反腐败斗争蕴含着经验性与创新性相协调的内在特质,要求全面总结党在革命、建设、改革不同历史阶段的反腐败经验与成就,在深刻认识相关腐败案件的特殊性的基础上创新惩治防手段。在党的百年奋斗历史中,反腐倡廉始终是加强党的自身建设、提升党的执政本领、塑造先进性纯洁性政党的关键途径,各级党委、纪委监委、各职能部门在办案、整改、治理过程中取得了诸多建设成果。这些成果反映了守正创新对于腐败治理的重要意义。相关部门需要根据腐败案件本身的发生条件、参与主体、波及范围等要素，针对性地提出惩罚措施、治理手段、预防策略，同时坚持以案为鉴、以案促改、以案促治，从特定案件治理过程中提炼和总结创新经验。

凝聚腐败治理新合力

推进反腐败斗争是全党全社会的共同责任，需要从全局性角度思考腐败现象的根本原因和治理方案，构建党全面领导的反腐败工作格局，调动各级党委、纪委监委、各职能部门、人民群众的综合力量，增进反腐败协作配合并增强腐败治理整体合力。

首先，坚持党对反腐败工作的集中统一领导，加强各级党委的统筹指挥，将党的全面领导贯穿于党风廉政建设的全过程。党中央对反腐败工作进行整体规划和决策部署，确保反腐败斗争沿着正确方向前进，纵深推进反腐败斗争要以党的先进思想为引领，将思想和行动统一到党中央的科学判断和重大要求上，把党的政治、组织与制度优势转化为腐败治理效能。各级党委要压实全面从严治党主体责任，有效发挥党的组织力量与动员能力，贯彻落实党中央关于反腐败斗争的各项决策方针。

其次，明确纪检监察机关在腐败治理过程中的组织协调作用。纪检监察机关作为党内监督和国家自我监督专责机关，在监督调查与组织协调等方面发挥着重要作用。系统性地纵深推进反腐败斗争，需要纪检监察机关明确党章赋予的监督执纪问责职能、宪法和监察法赋予的监督调查处置职能，严格依规依纪依法明确权限、履行职能、优化程序。纪检监察机关要坚持运用监督执纪"四种形态"，探索日常监督与专项监督的衔接机制，有效落实上级纪委监委部署的监督任务目标，履行协助党委推进全面从严治党的职责。

再次，充分调动宣传、公安、司法等职能部门的力量，使各职能部门密切协作、自觉贯彻落实党中央反腐败的主张意图和决策部署。宣传部门创新宣传教育工作方式，通过线上线下报道反腐败工作的显著成效与典型案例，培养风清气正的反腐败氛围。公安机关是侦查与打击腐败犯罪的重要力量，在加强自身警示教育、培育清正廉洁公职人员的同时，将反腐倡廉思想贯穿于政法队伍教育整顿全过程。司法机关在反腐败工作中负责依法审判腐败犯罪案件，维护社会正义并震慑警示腐败行为。

最后,灵活运用网络监督、社会监督等形式,尊重和保障人民群众知情权、参与权、表达权、监督权。人民群众是腐败行为和不正之风的直接受害者,他们较为了解党员干部日常履职情况,对于反腐败斗争最有发言权。相关部门要建立健全群众监督的机制与程序,增强反腐败工作的参与度和透明度,既要惩治侵害人民群众切身利益的"蝇贪",又要完善人民群众提供监督线索的渠道,提高反腐败工作的效果和公信力。

完善腐败治理制度体系

系统性地纵深推进反腐败斗争,需要围绕制度的设计、执行、反馈三个方面,促进重点问题、对象和领域整体协调,治标和治本统筹治理,法治化与长效化一体推进。

首先,以系统思维纵深推进反腐败斗争,需要在制度设计层面紧盯重点问题、重点对象、重点领域,既立足国内国际大局又紧扣热点难点议题。当前反腐败斗争取得压倒性胜利并全面巩固,但政治、经济、社会、民生等领域依然存在亟须攻克的治理难题。针对政治领域与经济领域交织衍生的腐败、领导干部亲属及身边工作人员的腐败、风险较大的行业性系统性地域性的腐败等问题，仍然需要常态化的制度机制来防范和解决。相关部门需要在制度设计与政策制定阶段，广泛调研重点问题、重点对象、重点领域腐败案件的实际情况，以案件发生前期的迅速反应和事先预警，防止腐败滋生蔓延和风险扩散。

其次，以系统思维纵深推进反腐败斗争，需要在制度执行层面统筹治标与治本，一体推进不敢腐、不能腐、不想腐，有效铲除腐败问题产生的土壤和条件。腐败的本质与其形式相互联系，既涉及因缺乏敬畏之心而冒险贪污纳贿，也包含因存在制度短板漏洞而无视党纪国法以权谋私，还涵盖因思想精神懈怠而价值观扭曲作风不正。相关部门在查处和惩治腐败案件过程中，要坚持促进"三不腐"同时发力、同向发力、综合发力，使领导干部始终秉持敬畏之心、畏惧制度之笼、培育觉悟之念，同时建立办案、治理、监督、教育的完整闭环，根据受贿者、行贿人的具体情况形成针对性的治理方案。

最后，以系统思维纵深推进反腐败斗争，需要在制度反馈层面一体推进反腐败斗争的法治化与长效化建设，将权力行使限制在宪法和法律规定的范围内，确保党和人民赋予的权力始终用来为人民谋幸福。反腐败斗争是一项长期性、艰巨性、复杂性任务，难免存在一些反复发作的老问题和容易蔓延滋生的新问题。纪检监察部门需要坚持依法治国和依规治党有机结合，精准适用法律法规、把握政令政策，正确使用执纪执法权力并自觉接受党内和社会各方面的监督，坚决防止"灯下黑"。各职能部门也需要进一步规范权力运行，增强权力运用的民本意识、边界意识、法治意识，依规依纪依法履职。

《中国社会科学报》2023年10月26日第6版

中国特色反腐败之路的生成逻辑、鲜明特征与发展趋向

阚道远

党的十八大以来,以习近平同志为核心的党中央继承发展我们党坚定反对腐败、建设廉洁政治的历史经验和伟大实践,开展史无前例的反腐败斗争。经过不懈努力,反腐败斗争取得压倒性胜利并全面巩固,成功走出一条依靠政治优势、制度优势、法治优势的反腐败之路,开辟了百年大党自我革命的新境界,书写了人类反腐败斗争新篇章。中国特色反腐败之路是党百余年来与腐败不懈斗争取得的战略性成果,是新时代新征程上继续以最彻底的自我革命赢得历史主动的必由之路。深入探析中国特色反腐败之路

的生成逻辑、鲜明特征和发展趋向,有助于深刻把握新时代反腐败斗争的历史性成就和历史性贡献,具有重要的理论意义和实践价值。

一、中国特色反腐败之路的生成逻辑

中国特色反腐败之路的形成既是一部中国共产党与腐败顽疾持续较量的实践斗争史,也是一部党不懈探索马克思主义反腐败学说和自我革命学说的理论探索史,更是一部新时代党的反腐败斗争理论、实践、制度演变跃升的创新发展史,具有深厚的学理基础、实践机理和时代动因,是理论逻辑、历史逻辑与现实逻辑的有机统一和交织升华。

(一)思想源流:中国特色反腐败理论的守正创新

腐败是马克思主义政党最危险的敌人,防止和反对腐败是共产党人的天职。马克思主义经典作家和中国共产党人的反腐败战略思考和思想结晶,为探索中国特色反腐败之路提供了理论指引和学理基础。马克思认为,那些"经常利用党去干私人的肮脏勾当"的人,是工人阶级政党内部最危险的敌人。恩格斯指出,"当各种腐朽分子和好虚荣的分子可以毫无阻碍地大出风头的时候……这样的党是没有前途的"。他们充分肯定了巴黎公社采取普选监督、废除公职人员特权等反腐败举措,强调一切公职人员必须"在公众监督之下进行工作",奠定了马克思主义反腐败学说的理论基石。在苏俄社会主义建设中,针对当时出现的官僚主义和贪污腐败问题,列宁指出,"只要有贪污受贿这种现象,只要有贪污受贿的可能,就谈不上政治"。他明确提出通过"改组工农检查院"、加强群众监督和作风整顿等综合举措治理贪污腐败,防止公职人员成为"脱离群众、站在群众之上、享有特权的人物",初步形成了马克思主义执政党反腐败思想。

在我国社会主义革命、建设和改革的各个历史时期,中国共产党善于结合反腐败斗争实践总结历史经验、进行理论创新,不断推进马克思主义反腐败学说中国化时代化。毛泽东指出,"只有让人民来监督政府,政府才不敢松懈。只有人人起来负责,才不会人亡政息",探索出依靠群众监督、发扬民主和从严治党开展反腐败斗争的战略思路。邓小平认为,针对腐败问题,"我们主要通过两个手段来解决,一个是教育,一个是法律",并提出教育、惩处、制度建设和权力监督相结合开展反腐败斗争的基本主张。江泽民强调,"惩治腐败,要作为一个系统工程来抓,标本兼治，综合治理，持之以恒"，进一步阐述和发展了系统治理和长期治理腐败的思想。胡锦涛指出，在反腐败斗争中"坚持标本兼治、综合治理、惩防并举、注重预防的方针"，推进惩治和预防腐败体系建设，并把反腐倡廉建设纳入党的建设总体布局。党的十八大以来，以习近平同志为核心的党中央继承和发展马克思主义建党学说和反腐败理论，以自我革命精神拿起手术刀来革除自身的病症，矢志破解自我监督这个"国家治理的哥德巴赫猜想"，形成了习近平总书记关于党的自我革命的重要思想，对马克思主义政党建设规律、共产党执政规律的认识达到新的高度，"探索出一条长期执政条件下解决自身问题、跳出历史周期率的成功道路"。

也必须认识到，"研究我国反腐倡廉历史，了解我国古代廉政文化，考察我国历史上反腐倡廉的成败得失，可以给人以深刻启迪，有利于我们运用历史智慧推进反腐倡廉建设"。新时代中国特色反腐败理论创新有效汲取了中华优秀传统文化的积极因子，将马克思主义反腐败学说同中国历史上的清廉思想紧密结合。习近平总书记关于反腐败斗争"治标"与"治本"、"惩治"与"预防"、"疏导"与"围堵"、"德治"与"法治"等重要论述继承和发展了中国治理腐败的历史智慧，在新时代创新发展和作用凸显的巡视制度、监督制度、内控制度等蕴含丰富的治理腐败的历史基因。因此，"第二个结合"中的"化学反应"让我们能够在更广阔的文化空间中探索面向未来的反腐败理论创新和制度创新，让中国特色反腐败之路有了更加宏阔深远的历史纵深，拓展了中国特色反腐败之路的文化根基。

（二）历史传承：中国特色反腐败之路的实践延展

"反腐败是最彻底的自我革命"，党的自我革命史在某种程度上是一部中国特色反腐败之路的形成发展史。新民主主义革命时期，面对严酷的革命斗争环境，党高度重视防范叛党变节、贪污腐化问题。党的二大党章设置专章，强调政治纪律和组织纪律。1926年，党中央发布党史上第一个惩治贪腐的文件——关于坚决清洗贪污腐化分子的通告，指出：贪污腐化分子"务须不容情的洗刷出党，不可令留存党中，使党腐化，且败坏党在群众中的威望"。在中华苏维埃共和国和陕甘宁边区革命根据地等局部执政条件下，党颁布了《关于惩治贪污浪费行为》的训令，提出《陕甘宁边区施政纲领》中的"厉行廉洁政治"要求，查办一批贪污腐化案件，对中国共产党领导的反腐败道路进行了初步探索。社会主义革命和建设时期，在党全面执政的条件下，严防党员干部腐化堕落、脱离群众。1952年，公布实施新中国第一部系统性反贪法规《中华人民共和国惩治贪污条例》。在"三反"运动中，严肃查处了刘青山、张子善贪腐案，教育了广大党员干部群众。在这一历史时期，形成了紧紧依靠群众、运用整党整风开展反腐败斗争的独特模式，"在扫除旧社会的污泥浊水、保持党和国家机关清正廉洁方面，取得了举世公认的成就"。改革开放和社会主义现代化建设新时期，面对市场经济条件下腐败现象易发多发的严峻形势，党中央始终将反腐败斗争与改革、发展、稳定有机结合，推动反腐败斗争走上制度化、法治化、体系化的轨道，探索实践从源头上预防和治理腐败的中国特色反腐倡廉道路，有力回答了提高党的领导水平和执政水平、提高拒腐防变能力和抵御风险能力这两大历史性课题。

中国特色社会主义进入新时代，以习近平同志为核心的党中央创造性提出党的自我革命的重大政治命题，并把反腐败斗争提升到最彻底的自我革命的高度。党的十八大后，党中央大刀阔斧、披荆斩棘推进反腐败斗争；党的十九大后，一刻不停、坚定稳妥推进反腐败斗争；党的二十大后，持续发力、纵深推进反腐败斗争。在二十届中央纪委三次全会上，习近平总书记提出了"以正风肃纪反腐为重要抓手"的自我革命实践要求。在此过程中，我们党深入总结不同历史时期反腐败斗争经验，准确把握反腐败斗争主题主线、主流本质，确保正风肃纪反腐坚守正道、把准方向、遵循规律；同时，针对反腐败斗争新形势、新情况、新问题，借鉴国际反腐败有益经验，扎根中华优秀传统文化，汲取腐败治理历史智慧，促进中国特色反腐败之路日益成熟和臻于定型，为治理腐败这个世界性、历史性难题贡献了中国智慧和中国方案。

（三）现实动因：中国特色反腐败斗争的时代要求

新时代是中国特色反腐败之路形成的关键性时期和决定性阶段，反映了反腐败斗争领域鲜明的问题指向和时代特征。《中共中央关于党的百年奋斗重大成就和历史经验的决议》指出，改革开放以后一段历史时期，一度出现管党不力、治党不严问题，党内消极腐败现象蔓延、政治生态恶化，"政治问题和经济问题相互交织，贪腐程度触目惊心"，引起广大党员干部和人民群众的强烈不满和义愤。针对腐败问题的严峻形势和复杂局面，必须开展史无前例的反腐败斗争。党的十八大以来，以习近平同志为核心的党中央坚持无禁区、全覆盖、零容忍，不敢腐、不能腐、不想腐一体推进，"打虎""拍蝇""猎狐"多管齐下，查处一大批腐败分子，反腐败力度和规模之大世所罕见、史所罕见，消除了党内严重政治隐患。从党的十九大报告指出"反腐败斗争压倒性态势已经形成并巩固发展"，到党的二十大报告指出"反腐败斗争取得压倒性胜利并全面巩固"，这是党中央在深刻认识和准确分析反腐败斗争形势基础上作出的科学论断，是新时代全面从严治党取得的标志性成就。总的来看，我国反腐败斗争已经进入了有腐必反、有贪必肃的常态化阶段，形成了惩恶扬善、纠治并举的良性循环，成功走出一条中国特色反腐败之路。

也必须认识到，腐败是"政治之癌"，其形式多样、成因复杂、传染性强，在不同时期、不同阶段会有不同特点，很难毕其功于一役。随着新经济形态、新商业形态的日新月异和反腐败斗争日益走向深水区，影子公司、影子股东、政商旋转门等新型腐败、隐性腐败花样翻新，并呈现出权力变现期权化、风腐交织一体化、腐败主体隐身化等特点。此外，部分权力集中、资金密集、资源富集领域问题频发，行业性、系统性、地域性腐败比较突出，基层"微腐败"影响恶劣。从查处腐败案件的情况看，"存量还未清底""增量仍有发生"。究其根本，商品交换原则侵蚀党内生活，不断引发权力异化的风险，腐蚀与反腐蚀的斗争考验将长期存在，稍有松懈就可能前功尽弃。因此，要始终保持反腐败永远在路上的战略清醒和战略定力，加强前瞻性思考、全局性谋划、战略性布局、整体性推进，把党的政治优势、组织优势、制度优势转化为腐败治理效能，不断拓展反腐败斗争的深度广度，持续推动中国特色反腐败之路越走越宽广。

二、中国特色反腐败之路的鲜明特征

习近平总书记指出，"当今世界没有其他哪个政党、哪个国家能够像我们这样大规模、大力度、坚持不懈惩治腐败"。反对腐败、建设廉洁政治，保持党的肌体健康，始终是我们党一贯坚持的鲜明政治立场。尤其是党的十八大以来，我们在反腐败斗争中取得了伟大成就、积累了重要经验，彰显了中国特色反腐败之路的鲜明特征。

（一）党中央对反腐败工作的集中统一领导，牢牢掌握正风肃纪反腐的领导权、主动权

构建起党全面领导的反腐败工作格局，坚持党中央对反腐败工作的集中统一领导，是党的十八大以来开展反腐败斗争的最高政治原则。"只有党中央有权威，才能把全党牢固凝聚起来，进而把全国各族人民紧密团结起来，形成万众一心、无坚不摧的磅礴力量。"只有在党中央的集中统一领导下，才能确保党的自我革命和反腐败斗争始终立足于消除党长期执政的风险隐患、始终为以经济建设为中心的政治大局服务、始终沿着坚持和发展新时代中国特色社会主义的正确政治方向前进。通过实现党全面领导反腐败力量的战略性重塑，我们推进国家监察体制改革、完善党和国家监督体系等重大战略举措，健全各负其责、统一协调的管党治党责任格局，推动形成全党全社会反腐败斗争"一盘棋"格局，实现党对反腐败斗争的全覆盖、全方位、全过程领导。因此，新时代反腐败斗争体现出极强的战略性、系统性、前瞻性、规划性，立足打好反腐败斗争的总体战，整合反腐败全链条力量，促进反腐败协作配合、协同高效，把党中央反腐败的主张意图、决策部署转化为具体的任务要求和实践举措落实落地落细。同时，颁布《中央反腐败协调小组工作规划（2023—2027年）》等政策文件，积极主动预判反腐败斗争发展趋势和重点难点，合理规划和统筹安排反腐败阶段性任务，推动健全反腐败工作体制机制，为持续发力、纵深推进反腐败斗争提供思想准备、制度支撑和组织保障。

坚强的领导核心是反腐败斗争不断从胜利走向胜利的

根本保证。党的十八大以来,习近平总书记发出了"党内决不允许有腐败分子藏身之地"的铮铮誓言,以前所未有的勇气和定力亲自领导、亲自谋划、亲自推动反腐败斗争,成为打击腐败最有力的政治引领和政治保障。世界政党治理实践证明,领导人的政治决心和政治勇气,对于推进反腐败斗争尤为重要。当代国外一些老党大党腐败治理失利失效,逐渐陷入腐败泥潭失去活力和民心,其领导人反腐败决心不坚定、毅力不持久、能力不匹配是极为关键的因素。正是习近平总书记掌舵领航、运筹帷幄,全党全社会始终坚持以习近平新时代中国特色社会主义思想统领反腐败斗争,时刻保持解决大党独有难题的清醒和坚定,深入贯彻党的自我革命和全面从严治党战略部署,才能够确保中国特色反腐败之路行稳致远。归根到底,"两个确立"成为应对反腐败斗争不确定性的最大确定性、最大底气、最大保证。

(二)始终为了人民、依靠人民,让人民群众在反腐败斗争中增强满意度和获得感

人民立场是中国共产党的根本政治立场,是马克思主义政党区别于其他政党的显著标志。腐败侵蚀人民群众利益,恶化执政环境和经济社会发展环境,损害党在人民群众中的形象。"人民群众最痛恨各种消极腐败现象,最痛恨各种特权现象,这些现象对党同人民群众的血肉联系最具杀伤力。"反腐败斗争是一场关乎人心向背的战斗,对腐败分子的纵容和姑息就是对人民的犯罪。党的十八大以来,我们以"得罪千百人,不负十四亿"的决心和气概开展反腐败斗争,赢得了党永葆先进性的历史主动。与西方政党通过操纵反腐败议题进行权力斗争和政治倾轧以实现党派利益有着根本差异,"我们党反腐败不是看人下菜的'势利店',不是争权夺利的'纸牌屋',也不是有头无尾的'烂尾楼'"。中国共产党反腐败不分畛域、视同一律,敢于向固化的利益藩篱宣战,对党内盘根错节的问题开刀,"坚持'老虎'、'苍蝇'一起打,就是要顺应人民要求"。正因为中国共产党没有任何自己的特殊利益,因而能够超越利益羁绊,从最广大人民根本利益出发,以彻底的唯物主义精神进行自我革命。这是我们党勇于刀刃向内、刮骨疗毒的底气所在。

"人民群众有着无尽的智慧和力量",是反腐败斗争最积极、最能动的要素,开展反腐败斗争必须紧紧依靠人民,构筑坚不可摧的反腐败斗争人民群众防线。依靠群众的支持和参与,始终是中国共产党开展反腐败斗争的一条基本方略和宝贵经验。习近平总书记强调,"毛泽东同志就如何跳出历史周期率提出'让人民监督政府'的第一个答案,新时代我们又提出了'自我革命'的第二个答案,两个答案都要求我们依靠人民群众支持和帮助解决自身问题。"新时代以来,我们党一方面健全和完善专职机构反腐败职能,提升专职机构反腐败效能;另一方面,在反腐败斗争领域深入践行群众路线,有效激发人民群众参与反腐败斗争的积极性、主动性、创造性,扩大人民群众的知情权、参与权、监督权,将人民监督、舆论监督、网络监督与反腐败专职机构监督、执纪、问责更好地结合起来,不断提高人民群众对反腐败斗争的满意度,以反腐败斗争实际成效取信于民。2022年国家统计局民意调查显示,"97.4%的群众对全面从严治党、党风廉政建设和反腐败工作成效表示满意",对反腐败斗争的思想认同和政治拥护达到新的历史高度。

(三)依靠制度优势、法治优势惩治腐败,党和国家监督制度、反腐败体制机制更加成熟定型

习近平总书记指出:"如何靠制度更有效地防治腐败,仍然是我们面临的一个重大课题。"围绕破解这一难题,党的十八大以来,我们把正风肃纪反腐与深化改革、完善制度、促进治理、推动发展贯通起来,推进纪律检查体制、国家监察体制、审计统计监督体制改革，不断完善党和国家监督体系，构建以党内监督为主导、各类监督贯通协调的机制，健全反腐败工作体制机制，开展了一系列具有重大战略意义和深远历史影响的反腐败制度创新。通过"与时俱进推进制度改革创新，把管党治党创新成果固化为法规制度"，着力发挥制度在防治腐败中的根本性、全局性、稳定性、长期性作用。在坚持制度治党、依规治党的全面从严治党战略部署中，更加突出反腐败斗争与党的政治建设、思想建设、组织建设、作风建设、纪律建设和制度建设的有机衔接、联动集成、协同协调，更加突出反腐败体制机制的健全完善和法规制度的科学有效，更加突出运用治理的理念、系统的观念、辩证的思维推进反腐败斗争。不仅如此，而且营造了尊崇制度、遵守制度的良好氛围，推动各方面制度更加成熟定型，形成了中国共产党治理腐败的独特优势。

习近平总书记高度重视以法治腐，强调运用法治思维和法治方式反对腐败，坚持依法治国和依规治党有机统一，"促进执纪执法贯通，有效衔接司法"，推进反腐败斗争规范化、法治化、正规化，确保反腐败斗争始终在法治轨道上运行。党的十八大以来，我们不仅积极健全反腐败法规制度，健全和完善惩治行贿和商业腐败等各种法律法规；同时，强调法治意识、程序意识、证据意识，完善执纪执法权力运行机制和管理监督体系，把依规依纪依法要求落实到反腐败工作全过程，推动反腐败斗争提质增效，实事求是、客观公正地处理好每一起涉腐案件，牢固树立了反腐败斗争的权威性和公信力，有力驳斥了少数西方国家对我国反腐败斗争的诬蔑和抹黑。在党中央坚强领导下，我们成功走出一条依靠中国共产党领导反对腐败、依靠中国特色社会主义法治严惩腐败、依靠中国特色社会主义制度优势防治腐败的反腐败之路。

（四）坚持不敢腐、不能腐、不想腐一体推进，同时发力、同向发力、综合发力

党的十八大以来，以习近平同志为核心的党中央从治标入手，把治本寓于治标之中，形成了一体推进"三不腐"的反腐败斗争基本方针，把不敢腐、不能腐、不想腐有效贯通起来，实现腐败问题的标本兼治、系统治理。马克思主义认为，构成事物整体的要素不是孤立存在，而是处在一定联系之中的。只有各构成要素相互联系并处于最佳状态，才能达到整体功能大于部分功能之和的协同效果。就反腐败斗争实践而言，一体推进"三不腐"是腐败治理的大系统，其内部包含着不敢腐、不能腐、不想腐三个功能系统。"三不腐"各自科学内涵和实践指向不同，却"是相互依存、相互促进的有机整体，必须统筹联动，增强总体效果"，共同服务于反腐败斗争全局。其中，不敢腐是前提，为"不能""不想"创造条件；不能腐是关键，巩固"不敢""不想"的成果；不想腐是根本，实现"不敢""不能"的升华。习近平总书记明确指出，"不敢腐、不能腐、不想腐是一个有机整体，不是三个阶段的划分，也不是三个环节的割裂"，指明了新时代反腐败斗争的有机整体特征。

从发生学角度来看，腐败现象是心理因素、制度因素、物质因素、文化因素等多维作用的综合结果，具有较为复杂的"病理学"特征。因此，在腐败治理上必须坚持有机整体论，不敢腐、不能腐、不想腐"同时发力、同向发力、综合发力，把不敢腐的强大震慑效能、不能腐的刚性制度约束、不想腐的思想教育优势融于一体"，推动他律向自律转化、自律向自觉升华。因此，新时代反腐败斗争政策出台和举措安排上，既保持惩治腐败高压态势，大力推进腐败案件查办，深化以案为鉴、以案促改、以案促治，发挥案件查办的综合效应，形成持续性心理震慑；又着力健全防治腐败滋生蔓延的体制机制，加强对权力运行的管理监督制约，"要通过改革和制度创新切断利益输送链条"，切实扎密织紧腐败治理的制度之笼；还"要加强新时代廉洁文化建设""深入开展党性党风党纪教育""营造崇廉拒腐的良好风尚"，夯实清正廉洁的思想根基，筑牢防范不廉行为的心理防线，从思想上正本清源、固本培元。总之，新时代反腐败斗争的历史性成就，有力诠释了一体推进"三不腐"的科学性和有效性，极大增强了中国特色反腐败道路自信和实践优势。

（五）深化反腐败国际合作，推动构建国际反腐败治理新秩序

在经济全球化时代，腐败问题不再局限为一国的国内事务，它突破主权国家边界，日益呈现出跨国境的特征。中国共产党秉承马克思主义政党对腐败的"零容忍"态度，遵循经济全球化时代反腐败斗争的重要规律，重视并推动"集中整治跨境腐败问题"，形成了新时代反腐败国际合作的战略思想和实践方略，对马克思主义反腐败学说作出了原创性贡献，深刻反映了中国共产党在反腐败斗争和全球反腐败治理中的历史担当和战略智慧。从党的十九大强调"不管腐败分子逃到哪里，都要缉拿归案、绳之以法"，到党的二十大要求"深化反腐败国际合作，一体构建追逃防逃追赃机制"，国际反腐败合作有力支撑了全面从严治党取得历史性、开创性成就；同时，"占据了国际道义制高点"，令各种曲解和歪曲中国反腐败行动的言论不攻自破，赢得了国际社会的广泛理解和尊重。

首先，将反腐败斗争从国内层面延伸至国际层面，"把惩治腐败的天罗地网撒向全球"，做到"不能让外国成为一些腐败分子的'避罪天堂'，腐败分子即使逃到天涯海角，也要把他们追回来绳之以法，五年、十年、二十年都要追，要切断腐败分子的后路"。立足于消除反腐败斗争的"死角"和"空白"，"推进追逃防逃追赃一体化建设，以天罗地网断其后路、绝其幻想"。在此基础上，形成一整套反腐败国际合作的思想观念、体制机制和方式方法，极大地拓展拓新了反腐败斗争的领域和范畴。其次，为了扭转各国在反腐败上的"单兵作战"和"单打独斗"状态，提出"坚持公平正义、惩恶扬善""坚持尊重差异、平等互鉴""坚持合作共赢、共商共建""坚持信守承诺、行动优先"的四项政治主张，利用各种双边和多边平台深化反腐败国际合作，强调达成反腐败治理的国际谅解、国际共识，有效整合和积极运用各种国际资源和多方力量，促进国际反腐败协同治理、综合治理、系统治理。最后,将国际反腐败治理与构建人类命运共同体紧密衔接,明确提出"腐败是人类的共同敌人,反腐败是各国的正义事业",从全人类经济社会发展和政治文明进步的战略高度推进国际反腐败治理,建设清正廉洁的地球家园,构建清廉人类命运共同体,形成国际反腐败治理新秩序,推动全球反腐败形势根本好转。

三、中国特色反腐败之路的发展趋向

中国特色反腐败之路是中国共产党领导反腐败斗争的思想形态、制度形态和实践形态的逻辑贯通和有机统一,是中国特色社会主义道路和现代国家治理体系的重要组成部分。随着党的自我革命引领伟大社会革命的历史进程深入推进,中国特色反腐败之路将不断发展创新和持续拓展,呈现出更为突出的反腐败斗争的中国风格、中国特色、中国气派,为决胜反腐败斗争和助力人类腐败治理发挥新的更大作用。

(一)进一步深化对反腐败斗争的规律性认识

理论创新是反腐败斗争不断取得更大胜利的制胜法宝。党的十八大以来,针对反腐败斗争的新形势和新任务,

习近平总书记提出一系列新理念、新思想、新战略，形成了习近平总书记关于党的自我革命的重要思想，指引百年大党开辟了自我革命的新境界，为坚决打赢反腐败斗争攻坚战持久战提供了根本遵循和行动指南。具体而言，提出了"大党独有难题"论、反腐败"零容忍"论、一体推进"三不腐"论、"全周期管理"治理腐败论等一系列极富洞见的反腐败斗争学说，为有效破解长期执政的马克思主义政党蜕化和权力异化问题进行了卓越的理论探索。同时，以反腐败斗争历史性、开创性成就有力驳斥了治理腐败必须采用多党轮流执政、多党分权制衡的认识偏见和理论误区，发出全球反腐败治理的中国主张、中国声音。

反腐败斗争实践没有止境，反腐败斗争理论创新也没有止境。必须深刻认识反腐败斗争的长期性、艰巨性、复杂性，持续深化对反腐败斗争的规律性认识，深入揭示腐败滋生蔓延的内在机理及其应对之道，尤其是对广大党员干部和人民群众关心的腐败治理问题进行及时的理论说明和释疑解惑。针对"腐败难免"论，要明确腐败是"全人类的共同敌人"，反腐败是"全人类的共同责任"，"凡腐必反、除恶务尽"是一条基本原则，应当牢固树立腐败治理的历史担当和强大信心。针对"反腐败影响经济发展"论，要明确腐败扭曲权力运行、增加交易成本、阻碍经济繁荣，"反腐并不会影响经济发展，反而有利于经济发展持续健康"，廉洁才是繁荣前提。针对"越反越腐"论，要明确治理腐败具有不同制度条件和历史时期的阶段性特征，必须始终坚持惩治和预防相结合，在铲除腐败问题产生的土壤和条件上持续发力、纵深推进。针对"反腐速胜"论，要明确反腐败斗争形势依然严峻复杂，必须保持战略清醒、政治定力和历史耐心，"反腐败绝对不能回头、不能松懈、不能慈悲，必须永远吹冲锋号"。总之，要推动反腐败理论创新和理论武装紧密结合，在不断回答中国之问、世界之问、人民之问、时代之问中持续实现中国特色反腐败之路的与时俱进、拓展拓新。

（二）在铲除腐败问题产生的土壤和条件上持续发力

新时代以来，反腐败斗争逐步从推动个案清除、重点惩治向系统整治、全域治理提升转变。据统计，党的十九大至二十大期间，纪检监察机关查处涉嫌贪污贿赂犯罪7.4万多人，其中首次贪腐行为发生在党的十八大前的占48%，首次贪腐行为发生在党的十九大后的占11.1%。这表明，不收敛不收手的问题得到有力遏制，减存量遏增量效果显著，标本兼治的积极效应持续彰显。当前，反腐败斗争已经进入深水区，下一步要聚焦铲除腐败问题产生的土壤和条件，以更大的智慧和勇气对腐败现象进行"根治"。

腐败的本质是权力的滥用，许多腐败问题都与权力配置不科学、行使不规范、监督不到位有关。因此，一方面，要从源头着手，完善管权治吏的体制机制，"推动防范和治理腐败问题常态化、长效化"。尤其是要完善权力配置和制约机制，深化整治金融、国企、能源、烟草、医药、基建工程和招投标等领域腐败问题，加快新兴领域治理机制建设，减少设租寻租机会，把反腐败防线前移，加强日常管理监督，建立腐败预警惩治联动机制，实施廉洁风险隐患动态监测，强化对新型腐败和隐性腐败的快速处置，逐步消除党员领导干部被"围猎"的腐败"污染源"。另一方面，要筑牢拒腐防变的思想道德防线，加强新时代廉洁文化建设，充分挖掘中华传统廉洁文化的丰富内涵，深入开展党性党风党纪教育，形成学纪、知纪、明纪、守纪的自觉，深刻剖析典型案例，强化正反两方面教育，建立健全以案说德、以案明纪、以案释法机制，促使广大党员干部"把增强党性、严守纪律、砥砺作风贯通起来，融入日常、化为习惯"，"把以权谋私、贪污腐败看成是极大的耻辱"，进一步营造崇廉拒腐的良好风尚。还有，要持之以恒净化政治生态，严明政治纪律和政治规矩,严肃党内政治生活,肃清官本位、"圈子文化""潜规则"、人身依附关系、特权思想和特权现象等封建残余影响,深入解决思想不纯、政治不纯、组织不纯、作风不纯等问题,有效破除"由风及腐、风腐一体"现象,铲除不正之风和腐败问题滋生的根源。

(三)将反腐败制度性成果更好转化为反腐败治理效能

"制度优势是一个政党、一个国家的最大优势。"制度反腐是反腐败斗争中带有根本性、全局性、稳定性和长期性特征的重大关切,要"善于运用制度力量应对风险挑战冲击",不断消除腐败风险和腐败隐患。党的十八大以来,经过不懈探索和创新,我们形成了前后衔接、左右联动、上下配套、系统集成的反腐倡廉法规制度体系。放眼全球,没有任何一个政党能像中国共产党"如此高度自觉地以科学的态度、体系化的方式推进自我革命"。今后,反腐败制度性成果能够在多大程度上转化为反腐败治理效能,决定着中国特色反腐败之路的实践优势甚至前途命运。

因此,要牢固树立制度自信,持续彰显制度优势。加强制度理论研究和宣传教育,引导全党全社会充分认识中国特色反腐败之路的本质特征和优越性,充分认识中国特色反腐败之路经过长期实践检验,来之不易,必须倍加珍惜、毫不动摇，不断筑牢制度自信。同时，在推进反腐败理论创新、实践创新、制度创新的过程中，"做好顶层设计、查漏补缺、提质增效文章"，既要保持反腐败制度体系和治理体系的稳定性和延续性，又要着眼于铲除腐败滋生蔓延的土壤和条件，"推动重点领域体制机制改革""强化完善反腐败工具箱""让反复发作的老问题逐渐减少，让新出现的问题难以蔓延"。还必须认识到，制度的生命力在于执行。要切实强化制度意识，尤其是各级党组织和党员领导干部要发挥良好榜样作用和示范效应，带头维护制度权威，做制度执行的表率，推动全党全社会自觉尊崇制度、严格执行制度、坚决维护制度，维护反腐败制度"刚性"。因此，需要"健全权威高效的制度执行机制，加强对制度执行的监督"，防止"制度虚化""破窗效应"以及反腐败制度效力层层递减的问题。在反腐败队伍建设中，把反腐败制度执行力和治理能力作为干部选拔任用、考核评价的重要依据，为有效提高反腐败治理能力、充分发挥反腐败治理效能提供坚实的组织基础和人力保障。

（四）以反腐败斗争成效有力支撑实现中国式现代化

实现中国式现代化是中国共产党奋斗的中心任务和庄严的政治承诺，要紧密围绕伟大社会革命的宏伟目标推进党的自我革命，以中国特色反腐败之路有力支撑和保障中国式现代化道路。一方面，中国式现代化是中国共产党领导的社会主义现代化。中国共产党是中国式现代化的领导力量和指挥中枢，肩负着极为重要的历史使命和政治责任，"只有时刻保持解决大党独有难题的清醒和坚定，把党建设得更加坚强有力，才能确保中国式现代化劈波斩浪、行稳致远"。从比较现代化视野来看，近代以来"政党中心主义"成为后发国家实现现代化的"基本范式"，而一些后发国家往往因为领导政党出现"全局性政治腐败"，致使赶超现代化的领导核心"式微"和"坍塌"，导致现代化进程出现重大挫折，甚至落入"发展陷阱"。苏联共产党、墨西哥革命制度党等老党大党的历史教训殷鉴不远。因此，应当"保持以党的自我革命引领社会革命的高度自觉，坚持用改革精神和严的标准管党治党"。中国共产党深刻认识到，"腐败是危害党的生命力和战斗力的最大毒瘤"，必须驰而不息推进反腐败斗争，不遗余力消除消极腐败危险和政治隐患，才能从根本上巩固党的长期执政地位，有效避免国外老党大党执政失败和引领国家现代化失利的历史命运，使党始终成为中国特色社会主义事业的坚强领导核心，将党的政治优势、组织优势、制度优势充分转化为领导中国式现代化的全面胜势。

另一方面，推进反腐败治理体系和治理能力现代化是中国式现代化的内在要求和实现条件。建立成熟定型的防止腐败滋生的体制机制，减少权力对微观经济活动的不当干预，为市场主体的公平竞争提供良好的法治环境和制度保障，持续激发现代化的动力和经济社会活力，是后发国家实现现代化的一条基本规律。从世界范围来看，"裙带资本主义"、政商旋转门、权力与资本的勾连和利益集团操控等顽疾在一些后发国家干扰了资源要素的合理配置，阻碍了现代化历史进程，影响了现代化实现水平。与此不同，中国式现代化被赋予鲜明的社会主义特色，既具有坚实的公有制经济基础和社会主义基本经济制度基础，又具备党的领导、人民当家作主和依法治国有机统一的政治基础，构成推进反腐败治理体系和治理能力现代化的内在优势。今后，要持续在标本兼治、系统治理上下功夫，从根本上"治理政商勾连破坏政治生态和经济发展环境问题"，充分形成腐败治理的良性机制和助推现代化的"软环境"，为中国式现代化提供坚实的政治支撑和制度保障，让"干部清正、政府清廉、政治清明"始终成为中国式现代化的生动注脚。

《马克思主义研究》2024 年第 7 期

年轻干部廉洁从政要做到"三个坚持"

李春晓

年轻干部是党和国家事业发展的生力军,是中国特色社会主义事业的接班人,要深入学习领会党的二十届三中全会精神,认真学习贯彻习近平总书记关于年轻干部廉洁从政的重要论述,巩固党纪学习教育成果,持续在学纪知纪明纪守纪上下功夫,扣好廉洁从政的"第一粒扣子",永葆共产党人清正廉洁的政治本色。

坚持敬畏组织。党的政治纪律和组织纪律重点对党员如何处理与组织的关系作出了规范,年轻干部要不断增强党的意识和组织观念,始终忠诚于党,时刻牢记自己是

"组织的人"。在思想上高度认同,最根本的是要在坚定对马克思主义的信仰、对社会主义和共产主义的信念、对党的性质宗旨和初心使命的认同基础上,坚持不懈用习近平新时代中国特色社会主义思想凝心铸魂,自觉做党的创新理论的笃信笃行者。在政治上坚决维护,坚定拥护"两个确立",坚决做到"两个维护",时刻对标对表党中央决策部署谋划和推动工作,自觉把个人理想抱负融入党领导的伟大事业中,绝不搞团团伙伙、政治攀附、投机钻营等非组织行为,绝不做两面派、两面人。在行动上自觉服从,始终牢记自己的第一身份是党员,第一职责是为党工作,对组织作出的决定坚决执行、对组织安排的工作欣然接受、对组织交代的任务不折不扣完成。

坚持秉公用权。我们党来自人民、为了人民、依靠人民,党员干部的权力是人民赋予的,必须做到立党为公、执政为民。年轻干部要树立正确的权力观、政绩观、事业观,行使好人民赋予的权力,为党分忧、为国做事、为民谋利。坚持廉洁用权。公权姓公不姓私,绝不能滥用职权谋求不正当私利。要时刻警惕金钱、美色等方面诱惑,重视家庭家教家风,管理好社交圈、朋友圈、生活圈,守住拒腐防变防线。党员干部是人民的公仆,党的性质宗旨决定了党员干部在工作生活上没有任何特权。共产党员的"特权"只能是吃苦在先、带头奉献。坚持规范用权。权力有边界，有权不能任性。要保持对权力的敬畏心，严格依规依法用权，坚持从事实、实际出发评判是非曲直，不为私心所扰、不为人情所困、不为利益所惑，以正律己、以公服人。坚持为民用权。要坚定人民立场，增强群众观念，把为民造福作为最重要的政绩，多办惠民生的急事、暖民心的难事、顺民意的好事。面对改革发展繁重任务和群众急难愁盼问题，年轻干部要拿出应有的朝气、锐气和正气，主动作为、勇于担当、真抓实干，为党和人民事业拼搏奉献，在新时代新征程上留下无悔的奋斗足迹。

坚持严以修身。习近平总书记要求广大党员要养成纪律自觉，把他律要求转化为内在追求。2024年修订的《中国共产党纪律处分条例》进一步扎紧扎密制度"篱笆"，对党员形成了强有力的他律约束，年轻干部要习惯在监督下开展工作，克己慎独，筑牢思想道德防线，形成不想腐的自觉。从廉洁文化中汲取智慧。党的百年奋斗历程和中华优秀传统文化蕴含着丰富的廉洁文化，这其中既包括我们党从"两个务必"到中央八项规定一脉相承的艰苦奋斗作风，也包括中国古代"君子之心，常存敬畏"的修身法则，

"公生明，廉生威"的从政之道，这些都为年轻干部坚守初心、涵养正心提供了智慧和营养。从反面案例中反躬自省。从近年来公布的年轻干部违纪违法案例看，有的面对大是大非问题认识不清、立场不明，有的面对困难挫折焦躁困惑、退缩逃避，有的面对利益诱惑迷失心智、误入歧途。年轻干部要做到"见不贤而内自省也"，避免"事不关己高高挂起"的看客心态，杜绝"不会被发现"的侥幸心理，勤掸"思想尘"、多思"贪欲害"、常破"心中贼"。从读书思考中提升境界。年轻干部要让读书成为一种兴趣爱好、一种生活习惯、一种精神追求，努力做到坚信笃行、好学能文。通过读书，不断吸收人类文明中一切先进思想和优秀文化，在品读经典中对话古圣先贤、在礼敬文化中涵养浩然之气，从而脱离低级趣味的诱惑，跳出"小我"的狭隘天地，更好实现人生价值。

《党建》2024年第10期

为深入推进党风廉政建设提供有力制度保障

曾钰诚

"善除害者察其本,善理疾者绝其源。"在新的起点上推进党风廉政建设和反腐败斗争行稳致远,基础在制度、力量在制度。党的二十届三中全会从全面深化制度改革层面对新征程上深入推进党风廉政建设和反腐败斗争作出谋划安排,充分发挥制度管根本、管长远的基础性、保障性作用,确保党肩负起领导推动强国建设、民族复兴伟业的使命任务。

坚持推进党风廉政建设和反腐败斗争,是党和国家前途命运所系。我们党历来重视加强作风建设与腐败治理,在革命、建设、改革的重大历史关头和关键发展时期，始终将正风肃纪反腐摆在事关党的事业发展、国家长治久安、人民幸福安康的重要位置。我们党始终高度重视反腐倡廉工作，对一以贯之推进党风廉政建设和反腐败斗争作出一系列重大决策部署，以坚强决心、坚定意志、坚硬手段纠治作风，以壮士断腕、刮骨疗毒的政治勇气和政治魄力惩治腐败，反腐败斗争取得压倒性胜利并全面巩固，开辟了党的自我革命新境界。但同时应看到，作风问题具有顽固性、反复性，腐败治理凸显出长期性、复杂性和艰巨性，反腐败斗争远没有到取得决定性胜利的地步，尤其是在实现制度化、常态化反腐上仍然任重道远。作风问题屡禁不绝、腐败现象层出不穷的一个重要原因，是制度存在漏洞，无法为有效防治腐败提供充分保障。铲除腐败土壤、遏制腐败蔓延、清除腐败存量，必须建立制度保障。法规制度带有根本性、全局性、稳定性、长期性，这决定了依靠制度反腐是最有效管用、最持久可靠的腐败治理方式，制度建设能够为扎实推进反腐倡廉工作提供稳定支撑和有力保障。

　　法规制度在我们党推进管党治党、治国理政中除具有显著的规范性作用，还发挥着突出的保障性作用。我们党始终坚持立足擘画与推动新时代党的建设总体布局建立健全制度,将制度建设有机嵌入全面从严治党战略布局,有力推动了党的建设和党的事业持续向前发展。党的十九大明确提出新时代党的建设总要求,将制度建设贯穿党的政治建设、思想建设、组织建设、作风建设、纪律建设始终,深入推进反腐败斗争,充分发挥制度建设对党的各方面建设的引领和保障作用。加强制度建设是党风廉政建设和反腐败斗争的长远之策、根本之策。要彻底根除不良作风问题与腐败现象,关键在于始终把制度建设摆在反腐倡廉工作的重要位置,坚定围绕全面从严治党的谋篇布局加强建章立制,持续健全反腐倡廉制度,通过持之以恒制度建设巩固反腐倡廉成果,以制度建设推动反腐倡廉各项任务目标有效落实,为党风廉政建设和反腐败斗争向纵深推进提供坚强制度保障。

党的建章立制与党风廉政建设和反腐败斗争同部署、同推进。党的十九大将党的建章立制嵌入坚定不移全面从严治党、不断提高党的执政能力和领导水平的政治大局中予以统筹推进,围绕持之以恒正风肃纪、夺取反腐败斗争压倒性胜利建立健全制度,提出在市县党委建立巡察制度;推进反腐败立法;构建党统一指挥、全面覆盖、权威高效的监督体系等多项举措,推动党风廉政建设和反腐败斗争不断走向深入。党的十九届三中全会全面聚焦深化党和国家机构改革,明确健全党和国家监督体系、完善权力运行制约和监督机制等改革方案,从推进党的纪律检查体制和国家监察体制改革出发,不断夯实正风肃纪反腐的制度基础。反腐倡廉的核心是制约和监督权力,党的十九届四中全会把加强制度建设摆在突出位置,密切围绕坚持与完善党和国家监督体系、强化对权力运行的制约和监督这一中心任务推进制度建设,提出健全党和国家监督制度;完善权力配置和运行制约机制;构建一体推进不敢腐、不能腐、不想腐体制机制等具体措施,通过加强制度建设持续巩固反腐倡廉成果,为营造风清气正的党风政风和社会风气,不断取得反腐倡廉新成效提供根本性、长期性的制度保障。

紧紧围绕深入推进党风廉政建设和反腐败斗争加强建章立制。党的二十届三中全会精准对接和全面贯彻党的二十大精神,立足新征程上提高党对进一步全面深化改革、推进中国式现代化的领导水平,以党的自我革命引领社会革命的改革目标,从战略和全局高度对党的建设制度改革精心谋篇布局,坚持以改革精神和严的标准管党治党,紧扣着力铲除腐败滋生的土壤和条件持续用力、纵深发力,明确以进一步全面深化改革深入推进党风廉政建设和反腐败斗争的重点任务与重要举措，不断推进党的自我净化、自我完善、自我革新、自我提高。

我们党始终坚持从党领导的伟大改革事业所处历史方位出发，精准锚定建章立制的时代坐标，做到改革导向决定建章立制方向，改革要求决定建章立制重点，改革内涵决定建章立制内容。全面深化改革以制度建设为主线，以推进制度改革为关键任务，通过深层次推动制度改革从而更好服务和保障各项改革任务落地见效。新的起点上，应当紧紧围绕深入推进党风廉政建设和反腐败斗争加强建章立制，在坚持反腐倡廉中深化制度改革，在深化制度改革中发展党的事业，为标本兼治铲除腐败滋生的土壤和条件，推动反腐败斗争不断从胜利走向胜利提供有力制度保障。这要求：立足深化正风肃纪加强建章立制，建立健全政治监督具体化、精准化、常态化机制；为基层减负机制；经常性和集中性相结合的纪律教育机制等。立足深化腐败治理加强建章立制，健全完善一体推进不敢腐、不能腐、不想腐工作机制；不正之风和腐败问题同查同治机制；对重点行贿人的联合惩戒机制；追逃防逃追赃机制；反腐败国家立法等。立足深化权力监督加强建章立制，健全完善党和国家监督体系；加强对"一把手"和领导班子监督配套制度；健全巡视巡察工作体制机制；建立垂直管理单位纪检监察体制等。确保党的建章立制始终紧扣深入推进党风廉政建设和反腐败斗争精准持续发力，与进一步全面深化改革、推进中国式现代化同向同行、同频共振，以制度建设新成效全面护航和保障党风廉政建设与反腐败斗争不断取得新进展、新突破。

《中国社会科学报》2025年1月23日第4版

深刻把握新时代廉洁文化的内涵与规律

蒋来用

廉洁文化是社会共同体中形成且被其成员广泛认同和普遍践行的廉洁意识、价值观念、制度规范、行为习惯及通过文字艺术活动等表现出来的物质形式,是维护和促进社会公平正义、和谐稳定、持续发展的重要支撑,在国家和社会构建中发挥着重要作用。先进性和纯洁性是作为马克思主义政党的中国共产党的本质属性,全面从严治党是其保持先进性纯洁性的根本途径,廉洁政治是其努力实现的目标,廉洁文化建设始终是其推进自我革命的重要举措。新时代新征程以中国式现代化全面推进强国建设、民族复兴伟业,对反腐败斗争提出了新的更高要求。要始终保持反腐败永远在路上的坚韧执着，坚决打好这场攻坚战、持久战、总体战，从思想高度、历史厚度、时代深度全面深刻理解和把握运用新时代廉洁文化的内涵和规律，不断实现干部清正、政府清廉、政治清明、社会清朗。

深刻理解新时代廉洁文化丰富的思想内涵

廉洁文化包含物质、制度和精神三个层次，精神层次是廉洁文化建设的核心和难点。种树者必培其根，种德者必养其心。价值观是文化最深层的内核，思想道德具有基础性作用，廉洁文化建设的关键是在社会中广泛形成崇尚廉洁、抵制腐败的价值观念。只有夯实思想道德基础、掸去理想信念灰尘，清正廉洁的本色初心方能如磐恒守。

在廉洁文化的精神层次中，理想信念是最为重要的开关。但凡精神上有信仰追求者，就不会轻易为物质利益或其他好处所俘获。物质性的生理需求是浅层次的需求，精神性的或者道德伦理性的需求是较高层次的需求。在浅层次的生理性需求得到满足和实现时，就会产生精神性的需求。人与动物的区别，在于不仅仅满足于物质需要，也有精神追求。崇高的精神追求会引导个体行为向善向上，从而实现人生的意义和价值。中国共产党始终高度重视理想理念，将思想建党作为建党的重要基石，注重从思想道德和理想信念方面推进廉洁文化建设，以充分发挥廉洁文化的重要作用。

党的十八大以来，我们党高度重视廉洁文化建设，习近平总书记围绕新时代廉洁文化建设作出了一系列重要论述。在十八届中央纪委二次全会提出"要加强反腐倡廉教育和廉政文化建设，督促领导干部坚定理想信念，保持共产党人的高尚品格和廉洁操守，提高拒腐防变能力"。在十八届中央政治局第五次集体学习时提出"要教育引导广大党员、干部坚定理想信念、坚守共产党人精神家园，不断夯实党员干部廉洁从政的思想道德基础，筑牢拒腐防变的思想道德防线"。在十九届中央纪委六次全会强调"从思想上固本培元，提高党性觉悟，增强拒腐防变能力"。在党的二十大报告中提出"加强新时代廉洁文化建设，教育引导广大党员、干部增强不想腐的自觉，清清白白做人、干干净净做事"。在二十届中央纪委二次全会上指出"要在不想腐上巩固提升，更加注重正本清源、固本培元，加强新时代廉洁文化建设，涵养求真务实、团结奋斗的时代新风。"在二十届中央纪委三次全会上要求"深入开展党性党风党纪教育，传承党的光荣传统和优良作风，激发共产党员崇高理想追求，把以权谋私、贪污腐败看成是极大的耻辱。"这些新思想、新论述、新观点是新时代推进廉洁文化建设的根本遵循和行动指南。2022年中共中央办公厅印发了《关于加强新时代廉洁文化建设的意见》。《习近平文化思想学习纲要》提出"要加强党性教育和道德建设，加强新时代廉洁文化建设"。二十届中央纪委四次全会部署制定新时代廉洁文化建设三年行动计划（2025—2027年）。这些举措充分彰显我们党自我净化、自我完善、自我革新、自我提高的高度自觉，充分体现我们党对廉洁文化建设规律认识的不断深化，充分展现出我们党在科学理论指导下坚持"两个结合"治国理政的高超智慧。

思想是行动的先导，行动是有思维的活动。只有理论上清醒和明白，才能行动上坚定和自觉。推动廉洁文化建设，理想信念具有基础性、根基性的作用。有了坚定的理想信念，站位就高了，眼界就宽了，心胸就开阔了，就能坚持正确的政治方向，从而经受住各种风险和困难考验，自觉抵御各种腐朽思想的侵蚀。这其中的道理或规律很容易理解，但要被更多的人接受并转化为行动，尤其是形成日用而不觉的行为习惯，还有很长的路要走。我们不能仅仅停留在内心的思想活动上，更为重要的是要把对事物发展规律的认识转变为改造世界的实际行动，否则就会出现知行分离、言行不一的问题。习近平总书记深刻指出："没有远大理想，不是合格的共产党员；离开现实工作而空谈远大理想，也不是合格的共产党员。""衡量一名共产党员、一名领导干部是否具有共产主义远大理想，是有客观标准的，那就要看他能否坚持全心全意为人民服务的根本宗旨，能否吃苦在前、享受在后，能否勤奋工作、廉洁奉公，能否为理想而奋不顾身去拼搏、去奋斗、去献出自己的全部精力乃至生命。"

科学的理论需要被广大党员和群众掌握才会变成强大的力量。新时代廉洁文化建设以习近平新时代中国特色社会主义思想为指导，将理想信念与工作实际相结合，不但要在"知"上下功夫，更要在"行"上见真招，用"行"来检验"知"，实行知行合一。批评和自我批评是克服知行分离，防止说一套做一套的重要武器，目前这个武器运用不足，"老好人"现象比较盛行。要常态化敢用善用批评和自我批评的武器，加强干部斗争精神和斗争本领养成，对于讲功利、重私欲，过分计较个人得失，工作消极懈怠，组织观念和纪律意识淡薄的党员、干部要严肃批评教育并予以组织处置。坚定理想信念，培养道德情操，需要在

"事"上磨、在"火"中炼。要注重在重大任务和艰难困苦中"劳其筋骨"淬炼理想信念和政治品格，在重大斗争和复杂环境中"苦其心志"磨砺道德情操和奉献精神，在权色名利诱惑面前"视其所以，观其所由，察其所安"，从求神拜佛、贪图享乐、钱存到国外子女移民国外"留后路"等现象中发现理想信念滑坡的苗头并采取相应措施，不断完善党员干部理想信念的养成强化制度，健全社会成员道德情操提升机制，切实将科学理论转化为廉洁文化建设和推动社会进步的强大动力。

深刻感悟新时代廉洁文化厚重的历史积淀

廉洁文化建设不能脱离历史，也无法脱离历史。每个人的思维方式和行为习惯都受到历史文化的影响，深深烙印着历史的印痕。历史塑造了每个人，同时每个人又在书写未来的历史。新时代廉洁文化是历史文化的重要组成部分，自然需要融入历史长河中汲取营养并实现价值。廉洁文化是所有国家和社会保持稳定有序和繁荣发展所必需的文化，体现了国家和社会的治理能力与发展水平。从这个意义而言，国家治理的过程也是廉洁文化不断形成与发展的历史过程。中国是持续几千年生生不息的文明古国，人口众多、幅员辽阔、地区差异大,国家治理难度系数远远高于人口小国。中国廉洁文化建设具有特殊性,这是由中国的历史与现实决定的。这种特殊性使得直接照搬国外文化的做法并不可行。即便我们借鉴其他国家的一些廉洁建设的措施,也会发现,因为文化土壤不同,国外的措施搬到中国来之后经常出现水土不服的现象。中华文化具有开放性、包容性的特征,不断吸纳其他文明的有益成分,但始终保持着自己的自主性与独立性。

廉洁文化具有较强的政治性,自主性和独立性的特征更为鲜明。廉洁文化建设的资源主要来自三个渠道:历史经验、现实成果与域外实践。因为廉洁文化较强的自主性与独立性特性,加上中国特有几千年没有中断的历史文化,廉洁文化建设在相当程度上需要从自身寻找,也就是说主要依靠历史经验和当前实践。中国几千年文明璀璨而不衰,与崇尚廉洁的文化传统以及对腐败的不断斗争紧密相关。中国为人类社会积累了大量宝贵的治国经验、贡献了制度体系和思想智慧,形成了内容丰富的廉洁文化宝库。这些历史性和现实性的治理成果成为推进廉洁文化建设不可缺少的重要资源。

推进新时代廉洁文化建设,要有历史自信和文化自信,始终坚持"两个结合",坚持守正创新,站在历史基石上不断再造历史辉煌。历史是最好的教科书，我们需要用中华优秀传统文化涵养克己奉公、清廉自守的精神境界，挖掘历史文献、文化经典、文物古迹中的廉洁思想，整理古圣先贤、清官廉吏的嘉言懿行，从历史宝库中汲取崇德尚廉、廉为政本、持廉守正等传统廉洁文化精华，以中华优秀传统文化启智润心，运用历史智慧推进廉政建设。

国家治理是不断实现廉洁、公平、正义等价值目标的过程。人类社会在艰难曲折中螺旋式上升和发展，后人不断吸取历史的经验教训推动文化创造性发展。中国共产党吸收借鉴中国历史传统和智慧，借鉴人类文化成果，坚持辩证唯物主义，带领全国各族人民取得举世瞩目的伟大成就，创造了彪炳史册的人间奇迹，在百年苦难辉煌中创造了丰富的廉洁资源和财富，成功走出了一条具有中国特色的反腐败道路，培养出一大批优秀廉洁的党员干部。中国共产党人毛泽东、周恩来等老一辈革命家勤俭节约、廉洁自律、大公无私、甘于奉献、两袖清风的品格深受群众爱戴；谷文昌、焦裕禄、孔繁森等党员干部与群众同吃同住同劳动，战斗在一线修路、开渠、架桥、建水库，树起了一座座勤政廉洁的丰碑。毛泽东同志临终前只剩下 500 多块钱，稿费全部交给了国家。孔繁森殉职时遗物仅有一个袖珍收音机、几件简单的换洗衣服和八块六毛钱现金。廉洁文化不仅让人严格自律廉洁奉公,同时促使和激励人敢于担当、勇于作为,为实现人民群众对美好生活的向往而不断奋斗。

将廉洁的目标与发展的目标结合,通过有效遏制腐败实现经济发展、社会稳定和人民幸福,这是廉洁文化的价值追求。中国共产党在实现廉洁与推动发展的双重价值目标上已经取得巨大历史性成就,并且带领十四亿多中华儿女迈着铿锵有力的整齐步伐不断续写新的历史篇章。这么短的时间取得如此成就,不仅让西方学者为之惊叹,而且神话般的历史和现实更具吸引力和感染力,为廉洁文化建设提供了最为鲜活、肥力最足的养分。我们要用红色革命文化凝心铸魂,用社会主义先进文化强基固本,从中国共产党人廉洁为民的感人故事中汲取营养,注重发掘总结党反对腐败、建设廉洁政治的历史和经验,提炼革命文化中蕴含的廉洁思想和理念,运用好革命博物馆、纪念馆、党史馆等红色资源,开办红色廉洁文化专题展览,在红色教育中传承党的廉洁基因。深入挖掘宣传革命先辈的廉洁事迹,学习和传承廉洁风范,淬炼公而忘私、甘于奉献的高尚品格,从而培养一批廉洁奉献、担当有为的时代新楷模。

深刻把握新时代廉洁文化鲜明的时代特色

新时代廉洁文化是在全面推进社会主义现代化新征程上开展，必然具有新的时代特色。科学技术的发展进步，为廉洁文化的开展提供了新的工具和手段，使廉洁文化建设更加生动形象和更为精准有效。与此同时，高科技广泛应用和普及，也给腐败分子提供了作案的新工具新手段，导致腐败形态更为复杂多样。党的十八大以来通过持续强高压反腐败，党风政风带动社会风气焕然一新，政治生态明显优化，明目张胆的腐败已经大量减少，同时仍然存在少数不收敛、不收手的腐败分子在从严的氛围和环境下选择伪装变异的手法，致使新型腐败和隐性腐败给廉洁文化建设带来新的挑战和阻力；一些地方和部门、单位廉洁文化建设仍然采用传统的方法推进，存在与新时代新阶段的发展要求不适应和不匹配等问题。例如，有的制度性和物质性廉洁文化工作做得较多，精神性廉洁文化建设开展较少，形式化严重，工作"假大空"；有的党员、干部说一套做一套，台上说廉洁、台下搞腐败，言行不一、知行分离。文化的生成、传播及习得是一个长期的浸润过程，但有的领导干部急着要"显绩"，以运动化的方式轰轰烈烈搞活动吸引眼球和流量，经费投入多但见效差；有的廉洁文化建设完全靠财政投入，社会主动参与不足，出现"一头热、一头冷"的现象。

新时代廉洁文化建设要有针对性地解决出现的新问题新矛盾，在持续有效上下功夫。各行各业有影响力的人物，其言行在文化和风气形成上具有重要示范作用。领导干部、党员是社会风气的引导者，他们的言行举止和喜恶爱好直接影响整个社会文化的形成。要抓好党员特别是领导干部廉洁自律、以身作则，培养其健康的生活方式、财富观念。行风道德建设对廉洁风气的形成具有重要作用，充分发挥各行业、领域有影响力的人物在廉洁作风、道德修养等方面的带头作用，发挥乡规民约、行业规章、团体章程等教化、指引和规范作用，促使廉洁行为习惯的养成。制度在廉洁文化的形成中发挥着重要作用，要及时修改完善制度，广泛征求民意，把实践中较成熟、可践行的廉洁要求转化为制度规范。制度性廉洁文化需要严格的执行来保障，要狠抓制度执行，继续让铁规发力、禁令生威，对道德败坏、违法腐败等行为要实行联合惩戒，让"触雷者"付出高昂的道德代价。要适应新时代科学技术发展步伐，创新廉洁文化宣教方式，用好微信公众号、微博、头条、抖音、快手、小红书、哔哩哔哩等网络平台，对不同年龄、文化层次、地域的人群选择不同的宣传教育内容和方式,避免空洞说教和灌输,防止形式主义。

廉洁文化建设需要社会的广泛参与,党和政府利用公权力推动是廉洁文化建设不可缺少的重要力量,但绝不是唯一的力量。人民群众是历史的创造者,廉洁文化要善于调动群众积极参与,创造机制让社会大众自觉参与、自发转化。建议改革廉洁文化宣传支持的方式,发挥政府财政资金"四两拨千斤"的作用,根据参与廉洁文化建设的实际效果和贡献程度对社会组织以及个人给予奖励和补贴,以吸纳更多的社会组织和个人创造性发挥作用。要将腐败控制在尽量低的水平,发现、调查和惩处腐败是廉洁文化建设必不可少的内容和手段。要运用大数据、人工智能等技术有效查处新型和隐性等变异腐败,深入推进风腐同查同治,加大媒体曝光力度,统筹各方力量打好反腐败整体战,培育和形成廉荣贪耻、向善向上的社会氛围,为"物质富足、精神富有、物质文明和精神文明相协调"中国式现代化的实现提供重要支撑。

《人民论坛》2025年第3期

新时代廉洁文化建设的着力点

李 辉

党的十八大以来,以习近平同志为核心的党中央高度重视廉洁文化建设,将廉洁文化建设纳入全面从严治党战略布局,明确指出要坚持依法治国和以德治国相结合。

习近平总书记在十九届中央纪委四次全会上发表重要讲话强调,"要深刻把握党风廉政建设规律,一体推进不敢腐、不能腐、不想腐。""要以严格的执纪执法增强制度刚性,推动形成不断完备的制度体系、严格有效的监督体系,加强理想信念教育,提高党性觉悟,夯实不忘初心、牢记使命的思想根基。"这次讲话奠定了廉洁文化建设在一体推进"三不腐"中的基础性地位。

新时代廉洁文化建设的总体目标是使党员领导干部进一步坚定理想信念、增强党性觉悟，淬炼大公无私的党内政治文化，涵养风清气正的政治生态，最终形成崇德尚廉的整体社会文化环境。

坚定理想信念、增强党性觉悟

如果一个社会拥有高层次、成熟完备的廉洁文化，那么身处其中的个体对公正清廉的切身体验会远胜过对腐化堕落状态的感受，清正廉洁也自然会成为其秉公用权的行为准则和精神指引。因此，新时代廉洁文化建设的重要目标，就是要教育广大党员领导干部坚定理想信念，锤炼党性修养。

中国共产党是拥有崇高共产主义理想和坚定社会主义信念的政党，投身共产主义事业的中共党员，尤其是其中拥有公权力的领导干部，更应该以身作则，始终坚持用理想信念滋养党性，用党性原则修养身心。党性是纯粹的，是无数革命先烈通过将优秀的道德品质淬入组织而形成的崇高精神世界。"吾日三省吾身"，不断锤炼党性，方可净化个体复杂的精神世界，树立正确的权力观、政绩观、事业观，始终牢记全心全意为人民服务的根本宗旨，抵御腐化堕落的歪风邪气。

淬炼大公无私的党内政治文化

廉洁文化在个体层面体现为党性,在组织层面则体现为党风。从个体层面看,新时代廉洁文化建设针对的不仅是掌握公权力的党员领导干部,还广泛涉及每一位社会成员,旨在全方位提升个体拒腐防变的能力,从根本上解决"不想腐"的问题;从组织层面看,新时代廉洁文化建设是中国共产党党风建设的重要内容,目标是建立大公无私的党内政治文化;从政治层面看,新时代廉洁文化建设要以党内政治文化涵养政治生态,党内政治文化的优良与否决定了整个政治生态的优劣。

加强新时代廉洁文化建设在组织层面上的目标就是进一步强化党风廉政建设。作为拥有坚定共产主义理想的马克思主义政党,处理好"公"与"私"的矛盾是中国共产党党风建设的必然要求。

习近平总书记指出:"我们党没有自己特殊的利益,党在任何时候都把群众利益放在第一位。这是我们党作为马克思主义政党区别于其他政党的显著标志。"实现新时代廉洁文化建设的目标,要以"公""私"观念为主线,在党风廉政建设过程中建立起大公无私、公而忘私、克己奉公、甘于奉献的党内政治文化,帮助党员领导干部从思想上摆正"公"与"私"的位置，使其站稳群众立场，增进同群众的感情，摒弃一切脱离群众、违背群众意愿、损害群众利益的私心杂念，把为民造福作为最大政绩，自觉践行以人民为中心的发展思想，用实际行动实现好、维护好、发展好最广大人民根本利益。

涵养风清气正的政治生态

党内政治文化决定了中国整体政治生态状况，可谓整体政治生态的基础。从中国整体的政治生活来看，新时代廉洁文化建设的总体目标应当包括以党内政治文化涵养风清气正的政治生态。政治生态并不是政治主体的生存状态，其核心内涵是政治主体之间在行为上产生强烈的相互影响，这也是"生态"这个概念的本意——即个体的行为和生存状态总是取决于与其他个体所共同形成的总体环境。

一个风清气正的党内政治生态，是中国共产党保持肌体健康的重要保障。政治生态是在一个政治系统中，主体之间通过持续不断地相互影响而形成某种行为模式，关键在于这种行为模式是外在于和先在于身处其中的个体，因此个体对政治生活的体验和行为选择总是取决于政治生态的整体状况。政治生态浑浊颓废，个人也无法独善其身；政治生态风清气正，个体也会自觉激浊扬清。习近平总书记在二十届中央纪委二次全会上发表重要讲话强调："我们必须常怀忧患意识、底线思维，始终保持刀刃向内的坚定自觉，补钙壮骨、排毒杀菌、祛病疗伤、去腐生肌，涵养积极健康的党内政治文化，持续净化党内政治生态，汇聚激浊扬清的强大正能量，使党永远不变质、不变色、不变味。"新时代廉洁文化建设的重要目标之一就是以党内文化资源持之以恒涵养政治生态，使得廉洁奉公成为党员领导干部的普遍、自觉的行为选择，使崇廉拒腐成为政治生活中的行为风尚。

打造崇德尚廉的社会文化环境

党风和政风的发展离不开优秀的民风、社风、家风，也就是社会的整体文化环境。腐败的治理绝非党和国家的一项专门化工作，也并非依靠某一个部门专门负责就能妥善解决，腐败治理是一项系统性工程，需调动全社会力量，形成全方位、多层次协同联动的治理格局。也就是说，只有当整个社会都抵制腐败，并且有能力抵制腐败的时候，腐败现象才会失去不断滋生的土壤，腐败问题才能得到遏制。

新时代以来，中国共产党领导的反腐败斗争，始终把整治群众身边不正之风和腐败问题作为重中之重，不惜一切代价坚决惩治"蝇贪蚁腐"。在解决群众身边腐败问题的同时，廉洁文化建设也须同时跟进，要吸引广大人民群众参与到腐败治理的总体事业中来，让人民的支持成为领导干部清正廉洁的最大底气。

打造崇德尚廉的社会文化环境面临着各种考验。在推进中国式现代化的进程中，要发展壮大主流价值、主流舆论、主流文化，以应对物质主义、消费主义、虚无主义、精神生活的娱乐化和低俗化等复杂现象。中华优秀传统文化蕴含着克己奉公、清廉自守等价值理念，这些根植于民族血脉中的道德准则与行为规范，构成了廉洁文化的深厚历史渊源。革命文化承载着坚定的理想信念、无私的奉献精神以及对清正廉洁的不懈追求，为新时代廉洁文化建设注入了强大的精神动力与鲜明的斗争特质。社会主义先进文化作为顺应时代发展需求、反映社会主义本质特征的文化形态，在新时代的伟大实践中不断发展创新，为新时代廉洁文化建设提供了科学的理论指引与价值导向。加强新时代廉洁文化建设，要将这些优秀的文化资源充分调动起来，发挥其在价值引领、舆论引导和环境净化等方面的关键作用，将崇德尚廉的理念传播至社会生活的各个层面，营造风清气正的社会文化生态。

  新时代廉洁文化建设，从本质上讲是一种现代国家治理体系中的政治文化建构。从古今中外文化发展的一般规律来看，一种新型文化的形成是自然而漫长的，其起作用的方式不是即时回报，而是延时回报，因此可能在短期内难以衡量文化对人的行为到底产生了多大的作用。但毋庸置疑，文化的作用是无形且持久的。以中国式现代化推进中华民族伟大复兴，同样离不开新时代的文化建设，而这也正是加强新时代廉洁文化建设的最根本目标。

《人民论坛》2025 年第 3 期